지도 없이 떠나는
101일간의 세계 인물 여행
A 101-day Trip Through World Great Men Without a Map

1판 1쇄 | 2008년 5월 30일
1판 6쇄 | 2011년 4월 25일

글 | 박영수
그림 | 노기동

펴낸이 | 박현진 펴낸곳 | (주)영교출판
주소 | 경기도 파주시 교하읍 문발리 출판문화정보산업단지 514-5
전화 | (031) 955-1515~6
팩스 | (031) 955-1517
출판등록 | 2000년 4월 24일 제20-328호
홈페이지 | http://www.bawoosol.co.kr

교 정 | 최수연
디자인 | 정경아
마케팅 | 천성민, 방정인

ⓒ 글 박영수, 그림 노기동, 2008

값 | 9,800원
ISBN 978-89-8389-416-8 73400

※잘못 만들어진 책은 바꾸어 드립니다.

지도 없이 떠나는

101일간의 세계 인물 여행

글·박영수 | 그림·노기동

영교출판

머리말

"그는 정말 대단한 사람이야."

모든 면에서 높은 평가를 받는 사람은 그렇게 많지 않습니다. 어느 한 분야에서 뛰어난 재능을 드러내기도 어려운데 여러 방면으로 실력 발휘를 한다는 건 정말 어려운 일이니까요. 더구나 인품마저 훌륭하다는 말을 듣기란 쉽지 않은 일이지요. 자기 혼자가 아니라 많은 사람이 인정해 줘야 하거든요. 그러하기에 위인, 영웅, 성인군자 등의 명예는 아무나 차지하지 못합니다.

그렇다고 훌륭한 사람들이 딴 세상에 있는 존재는 아닙니다. 프랑스 사상가 파스칼이, "위인은 우리보다 머리가 조금 높이 솟아올라 있을 뿐이다. 다리는 여전히 우리와 같이 얕은 데 있다."라고 말했듯이 함께 호흡하며 살아가는 사람이지요.

다만 그들은 어떤 분야에서 열정적으로 일함으로써 존경받는 사람이 됐습니다. 결코 법률이 위대한 인물을 만든 게 아니며, 그들은 온전히 자유 의지로 노력하여 역사에 남은 거랍니다. 그들의 또 다른 특징은 목표를 세운 다음 그걸 이루고자 온 힘을 쏟았다는 점입니다. 그러기 위해 자기에게 필요한 걸 스스로

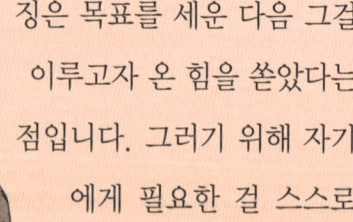

골라 찾아서 배웠지요. 주변 분위기에 휩쓸려 다른 사람이 배워야 한다고 생각하는 걸 덩달아 따라 배우지도 않았고요.

 수천 년 역사를 돌아보면 참으로 많은 사람들이 살다 갔고 그 중 아주 적은 사람만이 존경을 받고 있습니다. 특정 나라에서만 숭배되는 사람도 있고, 시대와 지역을 초월하여 존경받는 사람도 있지만 대부분 칭찬받거나 보통 사람들의 모범이 되곤 하지요.

 이 책은 각 대륙별로 다양한 삶을 보여주는 데 힘을 기울였습니다. 세계여행이 자유로워진 요즈음 현지에서 존경받는 사람들을 알아두는 건 기본 교양이니까요. 이 때 각국에서 존경받는 대표적 인물을 중점적으로 살펴 보면서 그 나라 사람들의 정서를 이해할 수 있도록 했습니다. 중국과 일본의 경우, 우리나라와 매우 가까우므로 조금 더 많은 인물을 다뤘고요. 우리가 비록 역사에 남을 위인이 되지는 못할 지라도 어느 나라 인물의 삶이든 공부하여 자기 능력을 키우는 자극제로 삼는다면 그 또한 기쁜 일이겠지요. 아무쪼록 재미있고 유익한 인물 여행이 되기를 바랍니다.

지은이 **박영수**

차례

제1장　중국과 일본 그리고 아시아

1·2일째	관우(중국), 죽어서 재물의 신이 된 사연_12
3·4일째	공자(중국), 교육이 왜 중요한지 일깨워 준 인물_16
5일째	사마천(중국), 생식기를 잘리고 역사서를 남긴 사람_20
6일째	이백(중국), 술을 무척이나 좋아했던 시선(詩仙)_22
7일째	왕희지(중국), 중국 역사상 으뜸가는 명필 서예가_24
8·9일째	모택동(중국), 역사를 통해 개혁 정신을 배운 혁명가_26
10·11일째	등소평(중국), 중국식 사회주의 경제기적을 일군 오뚝이_30
12일째	장개석(중국), 섬나라를 경제강국으로 이끈 지도자_34
13·14일째	오다 노부나가(일본), 소총부대를 처음 조직한 무사_36
15·16일째	도쿠가와 이에야스(일본), 일본인 특유의 근면·절약 정신의 출발점_40
17·18일째	미야모토 무사시(일본), 사무라이 정신을 완성한 전설적 검객_44
19일째	사카모토 료마(일본), 가장 인기 있는 에도 시대 영웅_48
20일째	노구치 히데요(일본), 노력으로 어려움을 뚫은 생물학자_50
21일째	후쿠자와 유키치(일본), 일본 근대화의 아버지_52
22일째	나쓰메 소세키(일본), 일본의 셰익스피어라 불리는 소설가_54
23·24일째	마쓰시타 고노스케(일본), 성실과 창의력을 강조한 경영의 신_56
25일째	데즈카 오사무(일본), 아톰을 창조한 애니메이션 만화가_60
26·27일째	마하트마 간디(인도), 귀한 집 아들에서 독립 투사가 된 성인_62
28일째	자와할랄 네루(인도), 아프게 맞고 깨우친 바른 심성_66

29・30일째	칭기즈 칸(몽골), 싸울 땐 잔인하고 지배할 땐 너그러운 통치자_68	
31일째	호세 리잘(필리핀), 1페소 동전에 새겨진 필리핀 독립 영웅_72	
32일째	막사이사이(필리핀), 서민들을 위한 정치로 존경받은 대통령_74	
33일째	투안쿠 이맘 본졸(인도네시아), 금욕적 이슬람 교를 전파시킨 독립운동가_76	
34・35일째	호치민(베트남), '호 아저씨'라 불린 강인한 지도자_78	
36일째	람캄행(태국), 타이 문자를 만들고, 국토를 넓힌 위대한 왕_82	
37일째	항 투아(말레이시아), 의리 있고 용맹한 충성스러운 장군_84	

제 2 장 아메리카

38・39일째	테리 폭스(캐나다), 외발 달리기로 세상을 감동시킨 의인_88	
40・41일째	에이브러햄 링컨(미국), 유머 감각과 지도력이 뛰어난 인권 대통령_92	
42・43일째	토머스 제퍼슨(미국), 모든 인간은 평등하다는 걸 일깨워 준 지도자_96	
44・45일째	조지 워싱턴(미국), 신앙심 깊은 방탄조끼 총사령관_100	
46・47일째	월트 디즈니(미국), 현실에 없는 행복을 만화영화로 만든 사람_104	
48・49일째	벤저민 프랭클린(미국), 능력 있는 보통 사람의 시대를 연 만능 미국인_108	
50・51일째	찰리 채플린(미국), 웃음 속에 묘한 슬픔을 담은 코디미언_112	
52일째	앤드류 카네기(미국), 적성에 맞는 직업을 찾아 성공한 기업가_116	
53・54일째	토머스 에디슨(미국), 인류의 편리한 생활을 위해 애쓴 발명왕_118	
55일째	존 D. 록펠러(미국), 미국 역사상 최고 갑부이자 최대 자선가_122	
56일째	미겔 이달고(멕시코), 돌로레스의 외침을 선언한 독립 영웅_124	
57일째	디에고 리베라(멕시코), 벽에 시대정신을 그린 화가_126	
58일째	체 게바라(아르헨티나), 제국주의에 대한 저항운동의 상징적 혁명가_128	
59일째	산 마르틴(아르헨티나), 라틴아메리카의 독립 영웅_130	

60·61일째	투팍 아마루 2세(페루), 죽어 콘도르가 됐다는 잉카 마지막 지도자_132	
62일째	가브리엘라 미스트랄(칠레), 사별의 충격을 시로 승화시킨 국민 시인_136	

제3장 유럽

63·64일째	안데르센(덴마크), 연극배우나 가수를 꿈꾸었던 동화작가_140
65일째	알프레드 노벨(스웨덴), 잘못 보도된 기사 때문에 유언장을 바꾼 기업인_144
66일째	셰익스피어(영국), 성격 묘사가 탁월한 영국 최고의 극작가_146
67일째	찰스 다윈(영국), 관심을 수집에서 동물로 돌린 진화론의 아버지_148
68일째	아이작 뉴턴(영국), 발명품에서 원리의 중요성을 깨달은 물리학자_150
69일째	윈스턴 처칠(영국), 노벨 문학상을 수상한 영국 정치가_152
70일째	엘리자베스 1세(영국), 사람을 잘 활용해 강대국을 만든 여왕_154
71일째	조지 스티븐슨(영국), 비웃음을 뚫고 증기기관차를 만들어 낸 발명가_156
72일째	생텍쥐페리(프랑스), 사막에서 평화를 본 '어린 왕자'의 아버지_158
73일째	앙리 파브르(프랑스), '최고의 관찰자'로 평가받는 곤충학자_160
74·75일째	나폴레옹(프랑스), 자기를 믿고 따르게 만든 지도력의 황제_162
76일째	마리 퀴리(프랑스), 방사선의 시대를 활짝 연 의지의 과학자_166
77일째	오귀스트 로댕(프랑스), 넓이보다 깊이를 추구한 조각가_168
78일째	샤넬(프랑스), 여성을 위한 옷을 간편하게 만든 디자이너_170
79·80일째	베토벤(독일), 삶의 고난을 이겨 내고 생생한 음악으로 표현한 작곡가_172
81일째	비스마르크(독일), 강인한 의지와 용기를 지닌 '철의 재상'_176
82일째	뢴트겐(독일), X선을 발견하여 인류에게 선물로 준 물리학자_178
83일째	모차르트(오스트리아), 하인이기를 거부한 천재 음악가_180
84일째	페스탈로치(스위스), 교육 방법을 바꾸자고 외친 교육개혁가_182

85일째	소크라테스(그리스), 서양의 철학적 기초를 다진 그리스 사상가_184
86일째	단테(이탈리아), 정신적 사랑을 서사시로 쓴 이탈리아어의 아버지_186
87일째	율리우스 카이사르(이탈리아), 황제보다 더 강력한 지도력을 보여 준 통치자_188
88일째	크리스토퍼 콜럼버스(이탈리아), 아메리카 신대륙 개척에 앞장선 유럽 탐험가_190
89일째	갈릴레오 갈릴레이(이탈리아), 자살하려는 의지로 공부한 과학자_192
90일째	세르반테스(스페인), '돈키호테'처럼 용감했던 용사 출신 작가_194
91일째	피카소(스페인), 여러 장르에서 현대 미술을 개척한 20세기 대표 미술가_196

제 4장   러시아 및 기타

92일째	예카테리나 2세(러시아), 국토를 넓히면서 문예 부흥을 이끈 여제_200
93일째	레닌(러시아), 모범생에서 반항아로 바뀐, 운명의 혁명지도자_202
94일째	톨스토이(러시아), 초록빛 지팡이를 찾고자 애쓴 작가 겸 사회개혁가_204
95일째	차이코프스키(러시아), 피아노와 발레 음악에 탁월했던 작곡가_206
96일째	케말 아타튀르크(터키), 민족주의를 내세워 터키 공화국을 창시한 국부_208
97일째	벤구리온(이스라엘), 앞장서서 나라를 일군 건국의 아버지_210
98일째	아야톨라 호메이니(이란), 이슬람 원칙주의를 강조한 종교지도자_212
99일째	임호테프(이집트), 인간으로 태어나 신으로 죽은 사나이_214
100일째	앨버트 루툴리(남아프리카 공화국), 인종차별정책을 금가게 만든 인권운동가_216
101일째	에드먼드 힐러리(뉴질랜드), 가장 높은 산꼭대기를 처음 밟은 산악인_218

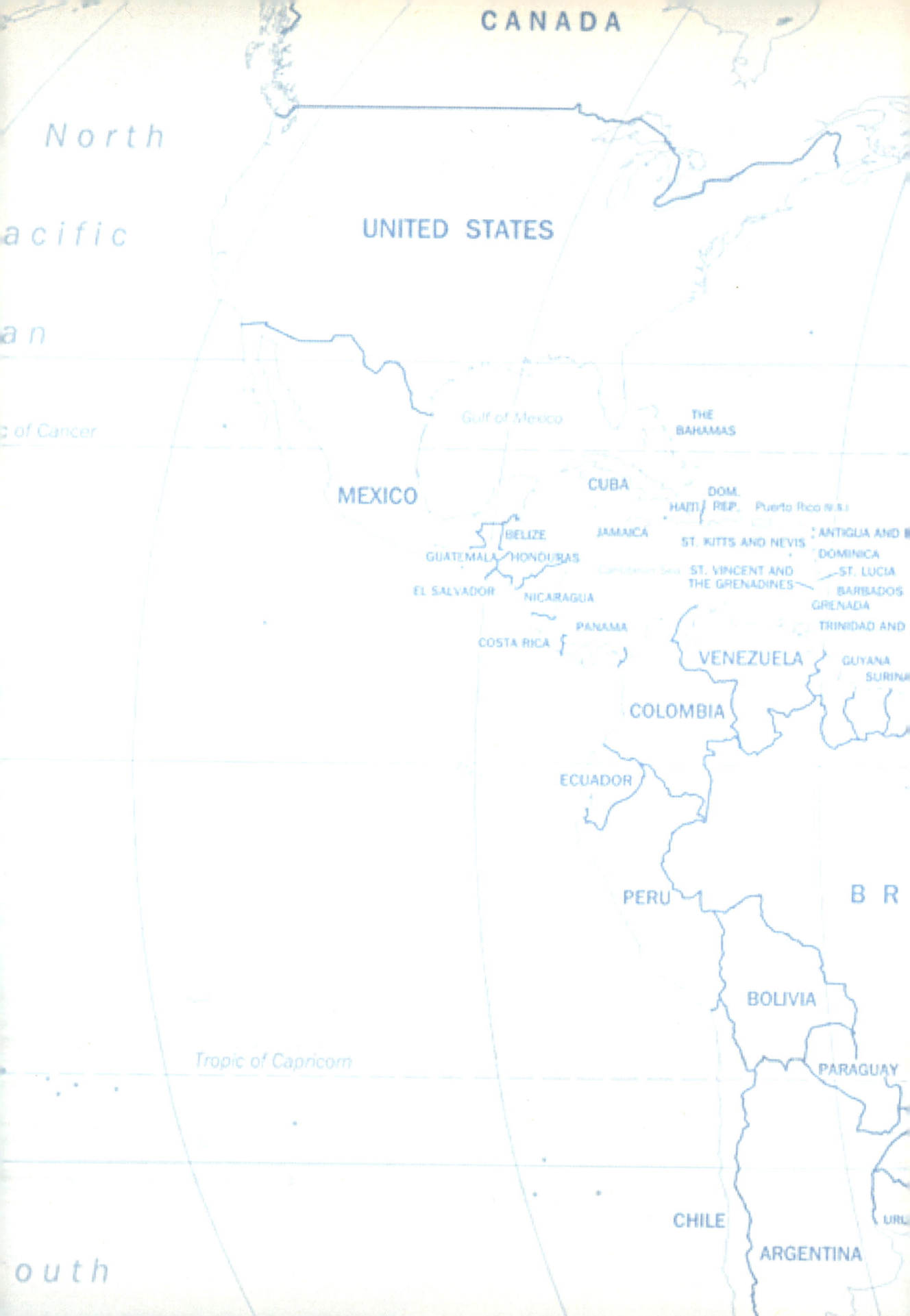

제1장
중국과 일본 그리고 아시아

1·2일째 관우(중국), 죽어서 재물의 신이 된 사연

"어디를 가나 관제묘가 있네. 가난하고 허름한 변두리와 몇 가구뿐인 작은 마을에도 아름다운 관제묘가 세워져 있네."

18세기 말 중국을 여행했던 연암 박지원이 《열하일기》에서 밝힌 소감 중 한 구절입니다. 여기서 '관제묘(關帝廟)'는 중국 삼국 시대 영웅 관우의 위패를 모신 사당을 가리키는 말이고요. 오늘날에도 중국, 대만, 홍콩 대부분의 도교 사원에는 관우상이 모셔져 있고, 많은 상점에 관우상이 장식되어 있습니다. 다시 말해 예나 지금이나 중국인은 관우를 신처럼 모시고 있는 것이지요. 이는 매우 이례적인 일입니다. 왜 그럴까요?

관우(關羽, 162~219년)는 촉한의 장군입니다. 오랫동안 유비를 충성스럽게 모시면서 뛰어난 무술로 많은 공을 세웠고 남다른 의리와 당당한 성품으로 널리 알려진 인물이지요. 관우는 또한 강한 의지를 가진 것으로도 유명합니다. 한번은 이런 일이 있었습니다.

관우는 왼쪽 팔꿈치에 화살을 맞은 뒤 치료했으나 비 내리는 날이면 뼈가 쑤시고 아파서 의원을 찾아갔습니다.

"화살촉에 묻어 있던 독이 스며들어 그렇습니다. 뼈를 깎아 그 독을 없애야 합니다."

"그럼 수술을 합시다."

"몹시 아플 텐데 괜찮겠습니까?"

관우는 빙긋 웃음으로 대답했고 곧 수술이 시작되었습니다. 그런데 관우는 칼로 가른 팔꿈치에서 피가 철철 쏟아져 나오고 뼈가 깎이는 고통 속에서도 비명 한번 지르지 않고 태연하게 주변 사람들과 이야기를 나눴다고 합니다. 참으로 대단한 인물임을 일러 주는 대표적인 일화입니다.

관우는 분명 존경받을 만한 영웅입니다. 전쟁터에서 여러 차례 승리를 거뒀고, 조조가 제시한 더 좋은 조건의 유혹을 물리치고 죽는 날까지 유비에게 충성하며 신의를 지켰으니까요. 2m에 이르는 큰 키와 길고 멋진 수염은 자못 신비한 분위기마저 풍겼고요.

안타깝게도 관우는 비참하게 죽었습니다. 조조와 손잡은 손권의 기습 공격을 받고 붙잡힌 다음 참수(목을 자름)됐으니까요. 손권은 관우를 살려서 활용할 마음이 있었으나 부하들의 강력한 건의에 따라 그리 했습니다. 그만큼 관우의 무예나 지략이 뛰어났다는 뜻이지요.

그렇지만 관우를 더 대단하다고 여기게 만든 건 명나라의 나관중입니다. 그는 《삼국지연의》라는 소설에서 날랜 적토마를 타고 다니며 무게가 82근에 달하는 청룡언월도를 가볍게 휘두르는 힘센 장군으로 관우를 묘사합니다. 뿐만 아니라 전쟁에서 관문 다섯 개를 돌파하고 적군 장수 여섯 명을 참살한 오관육참(五關六斬)의 주인공으로 등장시켰습니다. 한마디로 괴력을 지닌 용맹한 장군이지요.

그러나 그건 사실이 아닙니다. 초승달 모양의 언월도는 한나라 때 있지도 않았고, 관우가 조조로부터 물려받은 적토마는 나이가 몹시 많았습니다.(사람으로 치면 180세) 오관육참 설화 역시 나관중이 꾸며 낸 이야기이지요. 다만 나관중은 흥미로운 내용을 강조하고자 사실보다 과장하거나 없는 사건을 집어넣었는데 소설이 정사(正史)보다 더 큰 인기를 끌었습니다.

"관우는 충성과 의리의 화신이야."

전체적으로 볼 때 정사에서 관우에 대한 기록은 그리 많지 않습니다. 하지만 《삼국지연의》의 영향으로 관우는 대중에게 가장 믿음직한 위인으로 비쳤습니다. 굳센 의리, 당당한 풍모, 뛰어난 지략, 절대적 위엄 등이 단연 돋보였으니까요.

이에 따라 관우는 명나라 때부터 신으로 모셔졌습니다. 명나라 영락제는 관우의 도움으로 쿠데타에 성공했다며 관우에게 제(帝)라는 시호까지 붙여 줬습니다. 더구나 조조가 관우의 꿈에 시달리다 죽었다는 소설 내용은 '억울하게 죽은 원혼이 소원을 이뤄 준다'는 속신과 맞물려 관우를 신격화하는 역할을 했습니다. 여기에 관우의 붉은 얼굴은 빨강을 행운의 색으로 여기는 중국 관념과 통하기에 중국인은 관우를 재물의 신으로 모시게 되었답니다.

3·4일째 공자(중국), 교육이 왜 중요한지 일깨워 준 인물

옛날에 공자가 제자들과 함께 길거리를 걸을 때의 일입니다. 공자는 어느 아이가 길 한가운데서 똥 싸는 걸 보고는 그냥 지나치더니, 조금 뒤 다른 아이가 길가에서 오줌 누는 걸 보고는 다가가 꾸짖었습니다.

제자들이 그걸 이상하게 여겨 공자에게 질문했습니다.

"선생님, 길에서 똥을 눈 것이 오줌을 눈 것보다 더 심한 일인데 어이하여 오줌 눈 아이만 혼내셨는지요?"

그에 대해 공자는 이렇게 대답했습니다.

"똥 눈 아이는 부끄러움 자체를 모르므로 잘못을 나무라도 깨닫지 못하지만, 오줌 눈 아이는 부끄러움을 알므로 가르치면 고쳐질 가능성이 높기 때문이니라."

"그걸 어떻게 아시나요?"

"창피한 걸 알기에 길 가운데가 아니라 가장자리에서 볼일을 봤을 게다."

위 일화는 공자의 면모를 잘 보여 주고 있습니다. 공자는 '교육(教育)'을 통해 세상을 변화시킬 수 있다고 믿는 사람이었고, 그 자신이 몸소 나서서 많은 제자를 가르치고 길렀습니다.

다시 말해 공자는 교직(教職)을 직업으로 확립시킨 최초의 교사입니다. 공자 이전의 시대에 귀족 가문에서는 가정교사를 고용하여 자식에게 특정 분야 지식을 가르쳤습니다. 그렇지만 공자는 모든 사람들을 대상으로 배움의 중요성을 강조했습니다. 이 때의 교육에는 쓸모 있는 기술도 포함되었습니다.

"배움이란 지식을 얻기 위한 일일뿐 아니라 인격을 닦는 일이기도 하다. 모든 사람은 품성·지혜·도덕을 닦음으로써 덕(혜택)을 볼 수 있다."

공자는 일평생 배우고 가르치는 일에 몰두하면서 사회를 좋은 방향으로 변화시키려 노력했습니다. 이러한 그의 학문을 유학(儒學) 혹은 유교(儒敎)라고 하며, 그는 개조(開祖 어떤 일의 원조인 사람)로 인정받고 있습니다.

공자(孔子, 기원전 551~479)는 중국 춘추 시대의 교육자이자 정치사상가입니다.

그의 본명은 공구(孔丘), 자(字)는 중니(仲尼)입니다.

사마천의 《사기(史記)》에 따르면, 공자의 부모는 니구산(尼丘山)에 기도를 드리고 공자를 낳았습니다. 젊은 어머니와 70세 늙은 아버지 사이에서 태어난 공자는 머리 생김새가 매우 인상적이었다고 합니다. 니구산을 닮아 가운데는 낮고 사방 둘레가 높은 이른바 짱구였거든요. 그의 이름 '구'는 니구산의 '구'자를 따온 것입니다.

그의 이름 끝에 붙은 '자(子)'는 성씨 아래에 붙여 쓰는 일종의 존칭으로서 '군자(君子)'의 뜻을 담고 있습니다. 그가 남긴 업적이 훌륭했기에 공자라고 부르는 것입니다. 그래서 오늘날 '공구'를 모르는 사람은 있어도 '공자'라면 누구나 알지요.

공자의 외모는 그다지 호감 가는 편이 아니었습니다. 당시 사람으로서는 매우 큰 키(180cm 또는 200cm)에 광대뼈가 튀어나온 얼굴이었으니까요. 게다가 공자는 어린 시절 가난하여 고생도 많이 했으나 끊임없이 공부하고 가르치면서 위대한 스승으로 자리를 잡았습니다.

무엇보다 공자는 결코 나이가 많다는 이유로 포기하지 않는 자세를 보여 주었습니다. 56세 때 위나라부터 시작해서 송, 정, 진, 채 등을 거쳐 무려 14년 동안 천하를 돌아다닌 후 다시 노나라로 돌아왔습니다. 자기의 철학을 정치에 반영시킬 나라를 찾기 위한 힘든 여행이었지요.

"신분 세습이 아니라 능력을 기준으로 관리를 뽑아야 한다."

"백성을 잘 살게 해 주고, 그런 다음 그들을 가르쳐야 한다."

공자는 살아서 그런 뜻을 이루지 못했습니다. 73세로 세상을 떠날 때에는 자신이 실패했다고 인정하기도 했습니다. 그러나 공자의 제자들은 스승의 가르침을 글로 남겼고, 2백여 년 뒤 진시황은 중국을 통일하고 공자의 철학을 반영하여 나라를 다스렸습니다. 2500년이 지난 지금도 공자의 가르침은 동아시아에서 널리 행해지고 있습니다.

5일째 사마천(중국), 생식기를 잘리고 역사서를 남긴 사람

기원전 99년 한나라 장군 이릉은 흉노 정벌에 나섰다가 실패했습니다. 보병 5천 명을 이끌고 갔으나 기마부대 8만 명에 둘러싸였기 때문이지요. 이릉은 심한 부상을 입은 채 흉노에게 잡히는 처지가 되었습니다. 한나라 조정에서는 포로가 된 이릉을 심하게 비난했습니다. 이 때 사마천((司馬遷, 기원전 145~85년경)은 어쩔 수 없는 상황이라며 이릉을 두둔했습니다.

"뭐라? 오랑캐에게 굴복해도 괜찮단 말이냐?"

무제는 분노하여 사마천을 관직에서 내쫓고 벌을 내렸습니다. 그는 세 가지 벌 가운데 하나를 선택해야 했습니다. 허리를 잘리고 죽거나, 50만 전을 바치고 풀려나거나, 궁형을 당하는 길이 그것이었습니다. 사마천은 궁형을 택했습니다.

죽고 싶지 않았고, 큰돈도 없었던 까닭이지요.

하지만 궁형은 참기 힘들 정도로 수치스러운 벌이었습니다. 생식기를 자르는 형벌이거든요. 단순히 육체적 고통만 받는 게 아니라 두고두고 부끄러움을 느끼는 정신적인 모욕까지 더해진 벌이니까요.

49세 때인 기원전 49년 사마천은 궁형에 처해졌고, 이로써 죽음을 피했습니다. 주변에서는 수군대며 그를 흉보았지만 사마천은 그런 비웃음을 견디고 참았습니다. 단지 육체적 수명을 늘리기 위해서가 아니라 그가 살아서 꼭 해야 할 일이 있었으니까요.

"아들아, 고대로부터 현재까지의 역사를 반드시 기록해라!"

사마천은 아버지 사마담의 유언을 지키고자 살아남은 것입니다. 생전에 사마담은 중국 역사를 기록하고자 아들 사마천을 데리고 여러 유적지를 돌아다니곤 했습니다. 사마천이 그 일을 물려받아 몰두하던 중 뜻하지 않은 불행이 닥친 것이지요. 사마천은 '쓰레기 더미에 갇힌 것 같은 처지'를 극복하며 55세 때인 기원전 91년 마침내 《사기(史記)》를 완성했습니다.

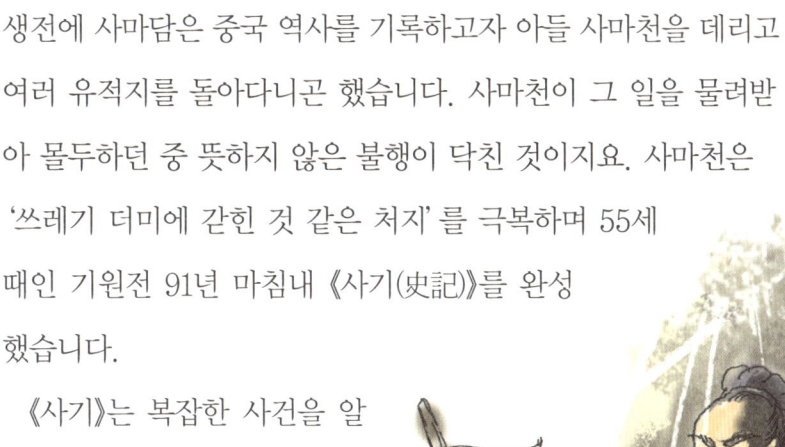

《사기》는 복잡한 사건을 알기 쉽게 정리하고, 교훈이 될 만한 이야기도 다루고 있어 훗날 '역사서의 모범'이라는 높은 평가를 받았습니다.

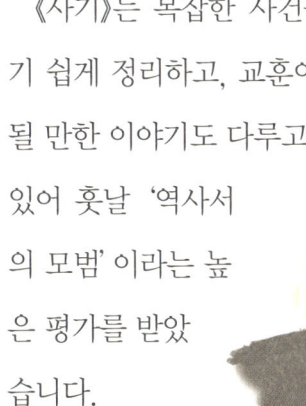

6일째 이백(중국), 술을 무척이나 좋아했던 시선(詩仙)

"어서 이한림을 불러오너라."

모란꽃이 활짝 핀 화창한 어느 봄날, 당나라 현종은 위와 같은 분부를 내렸습니다. 신하들은 즉시 거리를 샅샅이 뒤져 술에 잔뜩 취해 몸조차 제대로 가누지 못하는 한림학사 이백을 데려왔습니다. 황제 앞에 불려온 이백(李白, 701~762년)은 술 한 잔 더 달라고 말한 뒤 즉흥적으로 멋진 시를 지었습니다.

'옷치장은 흰 구름결, 얼굴은 고와 모란꽃 피듯, 봄바람은 난간을 감돌아서 꽃향기가 진동하네.'

양귀비를 모란에 비유한 시였으며, 황제는 아주 만족해했습니다. 이백은 의기양양하여 근처에 있던 환관에게 신발을 벗겨 달라고 요청했습니다. 그게 문제였습니다. 당시 세력가였던 환관 고력사는 이에 앙심을 품고, 이백의 시 내용을 은근한 비꼼이라며 모함했으니까요. 결국 이백은 궁궐에서 쫓겨났습니다.

위 일화는 이백의 문학적 재능과 정치적 무능함을 동시에 보여 주는 일화로 유명합니다. 그는

시(詩)에 관한 한 매우 뛰어난 재능을 발휘했으나 대인관계 혹은 처세에 있어서는 서툴렀거든요.

중국문학을 통틀어 왕유(王維), 두보(杜甫), 이백을 흔히 3대 시인으로 손꼽습니다. 왕유는 인재(人才), 두보는 지재(知才), 이백은 천재(天才)라 불리는데, 왕유는 사람을 노래했고 두보는 노력하여 좋은 시를 쓴 반면 이백은 흥이 나는 대로 시를 썼기 때문입니다.

그 중에서도 이백은 중국 역사상 가장 뛰어난 시인으로 여겨집니다. 어머니 태몽에 태백성(太白星)을 보았다고 해서, 호를 '태백'이라 지은 이백은 시뿐만 아니라 삶에서도 신선 같은 면모를 보여주었습니다. 그리하여 그를 '시선(詩仙)'이라고 하며, 술을 무척 좋아해 '주태백'이라고도 합니다.

이백은 정치가로 성공하지는 못했습니다. 하지만 그가 남긴 1,100여 편의 작품은 후세 시인들의 부러움과 존경을 받고 있습니다.

7일째 왕희지(중국), 중국 역사상 으뜸가는 명필 서예가

중국 동진(東晋)의 승상 왕도(王導)에게 어느 날 권력가 치감(郗鑒)이 '조카들 중에서 사위를 고르고 싶다'는 연락을 해 왔습니다. 이에 왕도는 직접 사람을 보내 고르라고 대답했고, 치감은 안목 있는 사람을 보내 사윗감을 살펴보게 했습니다.

'어떤 모습이 가장 품위 있을까?'

그날 왕도의 조카들은 한곳에 모여 앉아 저마다 잘 보이려 애썼습니다. 어떤 이는 책을 읽었고, 몇몇 사람은 마주보며 진지하게 학문을 이야기했습니다. 그러나 단 한 사람은 동쪽 건물 침상에 누워 배를 드러낸 채 손을 쉴 새 없이 움직이고 있었습니다. 방문객은 그 모습을 이상하게 여겨 이유를 물었습니다.

"지금 무얼 하고 있는 건가요?"

24 중국과 일본 그리고 아시아

"글씨를 연습하는 중입니다."

치감은 그 이야기를 전해 들은 후 망설임 없이 글씨 연습 중이었던 남자를 사위로 삼았습니다. 누군가에게 잘 보이려고 일부러 꾸미기보다는 묵묵히 자기 일에 몰두하는 자세를 높이 평가했기 때문입니다. 그 주인공의 이름은 왕희지(王羲之, 307~365년)이며, 과연 왕희지는 훌륭한 인물로 명성을 떨쳤습니다.

왕희지는 중국 역사상 으뜸가는 서성(書聖)으로 존경받는 명필 서예가입니다. 전해 오는 이야기에 따르면 왕희지는 거위 한 마리를 별장 연못에 기르면서 글씨 쓰는 법을 배웠습니다. 즉 거위가 부리를 목으로 돌리는 동작과 발로 물을 헤치는 모습 등을 자세히 살펴보고, 이를 붓을 놀리는 데 적용하면서 우아하고 아름다운 글씨체를 쓰게 되었다는 것이지요. 그는 타고난 재능이 아니라 끊임없는 노력으로 해서(楷書)·행서(行書)·초서(草書) 등 세 가지 서체를 예술적으로 완성하는 공을 세웠습니다. 그의 글씨는 당대는 물론 후대에서도 높은 평가를 받았습니다. 당나라 태종은 얼마나 왕희지 글씨를 좋아했는지 모두 자기 무덤에 넣어 묻게까지 했습니다. 이 때문에 왕희지의 육필은 많이 남아 있지 않고 그 모사본만 약간 존재합니다.

8·9일째 모택동(중국), 역사를 통해 개혁 정신을 배운 혁명가

"오늘부터 서당 그만 다니고 농장에서 일해라."

"네? 저는 공부하고 싶은데요."

"이놈아, 배워서 뭐 하려고? 기껏해야 종이에 뭘 쓰거나 계산하는 게 다잖아!"

모택동(毛澤東, 1893~1976년)은 13세 때 아버지 강요로 학업을 중단하고 집안 농장에서 온종일 일해야 했습니다. 한창 뭔가 새로운 걸 알아가는 공부에 재미를 붙인 시기였기에 모택동은 그런 현실을 견디기 힘들었습니다. 더구나 아버지는 자주 모택동을 때렸고 그로 인해 모택동은 평생 말을 더듬는 후유증을 앓게 됐습니다.

"배움의 필요성을 이해하지 못하는 아버지가 밉다. 날마다 때리기만 하고……."

독실한 불교신자이자 인자한 어머니가 그 마음을 위로해 주었기에 그나마 희망을 갖고 살아갈 수 있었습니다. 모택동은 16세 때 개화된 학교인 동산고등소학교에 들어갔는데, 이 곳에서 서양의 새로운 문물을 많이 배웠습니다. 그는 특히 아버지로 대표되는 전통 관습에 강한 반발을 지니고 있었기에 개혁 혹은 혁명에 큰 관심을 드러냈습니다. 그리하여 1911년 신해혁명이 일어났을 때는 혁명군에 입대하여 싸웠습니다.

하지만 모택동은 25세 때까지도 진로를 결정하지 못하고 있었습니다. 뭔가 잘

못된 관습을 뜯어고치기 위한 일을 하고 싶었지만 구체적으로 어떻게 해야 할지 몰랐으니까요. 이 무렵 그는 '일하며 배우자'라는 홍보물을 보았습니다. '일하며 배우자'는, 중국인을 프랑스로 보내 외화를 버는 동시에 선진 문물을 배우도록 장려하자는 정책적 운동의 표어였습니다. 모택동은 여기에 동참하겠다고 결심했으나 돈이 문제였습니다.

그는 여비를 구하고자 일자리를 찾았고, 아는 교수의 추천으로 북경 대학 도서관에서 일하게 되었습니다. 그는 도서관에서 불과 6개월을 머물렀지만 이 일은 그의 장래에 큰 영향을 끼쳤습니다.

"그래, 바로 이 곳이야. 여기야말로 내겐 천국이나 다름없어."
모택동은 도서관에 산처럼 쌓인 책을 보고 무척 기뻐했으며, 배움에 굶주린 듯 책에 파묻혀 지식을 쌓았습니다. 그는 역사서를 좋아했는데, 특히 남북조와 오대십국 등의 군벌혼전 시대 역사책을 즐겨 읽었습니다. 그 때 그는 역사서를 통해 깨달음을 하나 얻었습니다. '고대 제왕·재상들은 외국으로 유학 가지 않

고 자기 나라 정치 행정을 통달함으로써 부귀영화를 얻었다'는 사실이었습니다. 러시아의 공산혁명가에 대해서도 이 때 알았습니다.

"프랑스 유학을 포기하자. 그 대신에 중국 역대 흥망성쇠를 독파하여 새로운 중국을 세우자!"

그래서 모택동은 1919년 북경에 있던 학생들이 프랑스로 출발할 때 '본국 문제에 대한 이해가 부족하므로 그것을 더 연구해 보겠다'는 이유로 그들의 동행 요구를 조용히 거절했습니다. 그리고는 사회 밑바닥에 깊이 들어가 정치 활동을 하겠다며 중국 호남지방으로 내려갔습니다.

20세기 중엽 중국은 서양 열강과 제국주의 일본이 몰려와 몹시 어지러웠습니다. 이런 상황에서 혁명은 쉽지 않았습니다. 1934년부터 두 해에 걸쳐서는 국민당 정부군에 쫓겨 1만km에 달하는 긴 거리를 이동한 이른바 대장정(大長征)까지 겪었습니다. 불행 중 다행히 대장정은 공산당을 국민에게 다가가게 만들었으며, 이를 계기로 점차 전세를 역전한 끝에 1949년 북경을 점령하고 마침내 공산주의 정부를 수립하는 데 성공했습니다.

이후 모택동은 지주들의 땅을 빼앗아 소작농에게 나눠 주고, 여성의 사회 진출을 장려하는 등 과감한 정책을 단행했습니다. 이는 국민들로부터 큰 호응을 얻었습니다. 그러나 시간이 지날수록 독재를 하며 중국을 위기에 빠뜨리는 잘못을 저지르기도 했습니다. 그 때문에 모택동에 대한 평가는 다양하지만 여전히 중국인들은 그를 우상으로 여기고 있습니다. 현재 통용되는 100원, 50원, 20원, 10원 지폐에 모택동 초상화가 그려진 이유도 여기에 있습니다.

10·11일째 등소평(중국), 중국식 사회주의 경제기적을 일군 오뚝이

"자, 내 의견에 반대하는 사람이 있으면 서서 말하시오."

1960년의 어느 날 중국공산당 정책회의에서 모택동이 중요한 안건을 두고 위와 같이 말했습니다. 모택동은 1957년 '대약진운동'을 통해 평등주의정책을 실현하던 중이었으나 과격한 제도 개혁이 농민의 생산 의욕을 오히려 감퇴시킴으로써 경제 활동이 혼란스러운 시기였습니다. 그러하기에 대약진운동을 못마땅하게 생각하는 사람이 적지 않았으나 모두 모택동의 강력한 지도력에 눌려 가만히 있었습니다.

그때였습니다. 등소평(鄧小平, 1904~1997년)이 홀로 일어나 반대 의견을 나타냈습니다. 이에 모택동은 웃으며 말했습니다.

"등 동지는 앉으나 서나 마찬가지인 작은 키이므로 안건을 만장일치로 통과시키겠습니다."

그러자 등소평은 성큼 책상 위로 올라서서 반대 의견을 분명히 강조했습니다. 순간 분위기가 엄숙해졌고, 사람들은 다시 토론을 계속했습니다.

이 일은 후에 등소평에게 아픔과 기쁨을 동시에 안겨 주었습니다. 아픔은 대약진운동이 실패로 끝났을 때 찾아왔습니다. 많은 사람이 굶어 죽자 위기를 느낀 모택동이 문화대혁명을 일으켜 자기 통치에 반대하는 공산당원과 지식인들을 탄압했습니다. 이 때 등소평은 주자파(자본주의를 지향하는 공산당원)로 몰려 자리에서 쫓겨나 큰 고생을 했습니다. 아픔치고는 너무 큰 아픔이었지요.

기쁨은 그 뒤에 다가왔습니다. 1974년 복위에 성공한 것입니다. 그의 대담한 자세가 높이 평가된 덕택입니다. 그는 1976년 다시 위기를 겪었지만 그 해 모택동이 세상을 떠나면서 권력을 차지했으며 '부도옹(不倒翁 오뚝이)'이라는 별명을 얻었습니다. 세 차례나 정치적 좌절을 극복한 데서 얻은 명예로운 별명이지요. 불과 150cm의 '작은 거인'이 탄생한 것입니다.

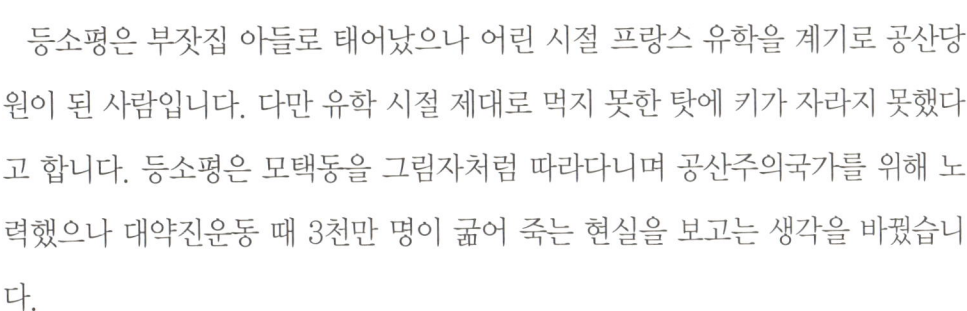

등소평은 부잣집 아들로 태어났으나 어린 시절 프랑스 유학을 계기로 공산당원이 된 사람입니다. 다만 유학 시절 제대로 먹지 못한 탓에 키가 자라지 못했다고 합니다. 등소평은 모택동을 그림자처럼 따라다니며 공산주의국가를 위해 노력했으나 대약진운동 때 3천만 명이 굶어 죽는 현실을 보고는 생각을 바꿨습니다.

이 무렵부터 그는 실용주의 정책을 추구했습니다. 좋은 제안이 있으면 적극

받아들였습니다. 때로는 공산주의에 어긋나는 제안조차 끌어안았습니다. 그에 대해 수군거리는 사람이 있자 등소평은 이렇게 말했습니다.

"흰 고양이든 검은 고양이든 쥐만 잘 잡으면 좋은 고양이다."

등소평은 1970년대에서 1990년대에 이르기까지 중국에서 실질적인 지배력을 행사하면서 과감하게 개혁·개방정책을 펼쳤습니다. 이 때 똑같이 생산하고 똑같이 나눠 갖는다는 공산주의에서 조금 벗어나 노력에 비례하여 결실을 차지하는 자본주의를 부분적으로 받아들였습니다. 또한 어느 지역에서 좋은 성과를 얻은 정책이 있으면 그걸 채택하여 전국에 퍼뜨렸습니다. 그는 농업·공업·과학·기술 네 가지의 근대화에 주력했고, 사회주의 시장경제로써 근대화되고 산업화된 국가를 건설해 나갔습니다. 그 결과 중국은 빠르게 성장했고 국민들의 경제적 형편도 나아졌습니다. 오늘날 중국인들이 등소평을 가리켜 '중국 경제기적의 연출자', '1m 50의 태산'이라고 말하는 건 작은 키에 대한 열등감을 극복하고 일궈 낸 업적에서 나온 표현입니다.

등소평은 또한 '죽(竹)의 장막'이라고 불릴 정도로 폐쇄적이었던 중국의 문을 열었습니다. 여러 나라를 돌아다니며 친선관계를 다졌고, 외국 관광객도 받아들였습니다. 영국으로부터는 홍콩 반환 약속 이행도 이끌어 냈습니다. 등소평은 중국 사회주의 현대화의 성공 그 자체입니다.

12일째 장개석(중국), 섬나라를 경제강국으로 이끈 지도자

장개석(蔣介石, 1887~1975년)은 중국의 군인이자 정치가입니다. 그는 중국인이지만 대만(臺灣)에서 일생을 마쳤습니다. 거기에는 사연이 있습니다.

장개석은 9세 때 아버지를 여의고, 어머니에게서 따뜻하지만 엄격한 교육을 받고 자랐습니다. 어머니 왕(王) 씨는 그에게 늘 다음과 같이 말했습니다.

"남에게 의지하지 말고 자기 힘을 가꾼 다음, 그 힘을 세상을 위해 써라."

장개석은 그 가르침을 잊지 않으며, 대범한 면모를 지니고 살았습니다. 그가

18세 때의 일입니다. 군관학교에 입학하려는데 시험관으로부터 "너무 어려서 입교할 수 없다"는 통보를 받았습니다. 그러자 그는 그 처분을 받아들이지 않고 이렇게 항의했습니다.

"사나이 이만한 나이와 몸집을 가지면 나라를 위해 일할 수 있습니다. 이 학교를 몹시 그리던 끝에 왔으니 나이 같은 건 생각하지 말아 주십시오."

34 중국과 일본 그리고 아시아

그의 당돌하면서도 대담한 항의는 학교를 감복시켰고, 그는 당당히 입교 허가를 받아 냈습니다. 그는 1911년 신해혁명(辛亥革命 청나라를 없애고 한족 중심의 공화국을 세우기 위한 혁명)에 참가하여 중국 국민당 지도자 손문(孫文)으로부터 신임을 얻었습니다.

그 뒤 점차 군사적 세력을 키웠으며 이윽고 지도자로서 두각을 나타냈습니다.

하지만 1949년 공산당과의 내전에서 패하여 대만으로 건너가 중화 인민 공화국을 세웠습니다. 비록 대륙을 빼앗겼으나 언젠가는 되찾겠다는 신념으로 나라 이름을 그렇게 지은 것입니다. 장개석은 본토에서 섬으로 옮겨 갈 때 중국의 수많은 보물을 배에 실어 나르게 했습니다. 덕분에 타이베이 고궁박물원은 세계 3대 박물관에 손꼽힐 만큼 많은 명품을 갖고 있습니다.

그는 작은 섬나라 대만의 경제력을 세계 14위로 올려놓았으나 '중국을 잃은 패배자'라는 비판도 받았습니다. 어찌 됐든 공적이 많기에 그가 세상을 떠난 뒤 타이베이에 중정기념관이 세워졌습니다.

13 · 14일째 오다 노부나가(일본), 소총부대를 처음 조직한 무사

일본 전국 시대에는 많은 영웅이 등장하지만 그 중에서도 세 사람이 특히 유명합니다. 오다 노부나가, 도요토미 히데요시, 도쿠가와 이에야스가 그들입니다. 그들의 성격을 요약 비교한 말이 있습니다. 누군가 '새가 지저귀지 않으면 어떻게 해야 할까요?' 라고 물을 경우 아마도 세 사람이 다음과 같이 말했으리라는 것입니다.

"단칼에 베라." - 오다 노부나가

"지저귀게 하라." - 도요토미 히데요시

"지저귈 때까지 기다려라." - 도쿠가와 이에야스

흔히 노부나가는 냉정하게 처리하고, 히데요시는 서로의 조화를 꾀하고, 이에야스는 참고 기다리는 성격이란 뜻으로 이해되는 말이지요. 어느 정도 일리가 있습니다. 하지만 노부나가의 가상 대답에는 또 다른 의미가 숨어 있으니 그건 바로 기발하고 대담한 결단력입니다.

노부나가는 전술·전략에 관한 한 천재성이 번뜩이는, 결단력 있는 무사였습니다. 그는 평생 100회 가량 싸웠는데, 모든 전투에서 각기 다른 전법을 썼습니다. 따라서 상대는 그가 어떻게 나올지 전혀 예측할 수 없었습니다. 다시 말해 상대 입장에서는 노부나가의 습관을 알 수 없으니 어떤 대비도 할 수 없었던 것이지요.

　노부나가는 매우 치밀한 사람이었습니다. 그는 상대를 파악해야 이긴다는 걸 일찍부터 깨달았기에 정보 수집에 많은 신경을 썼습니다.

　"직접 생각하고, 직접 조사하고, 직접 행동에 나서라!"

　그리하여 노부나가는 적군 우두머리를 쓰러뜨리는 장수보다 적군의 정보를 알아내는 장수에게 더 큰 상을 주었습니다. 덕분에 노부나가는 상대의 허점이나 약점을 공격하여 쉽게 승리하곤 했습니다. 이른바 '정보 중심 작전'은 예나 지금이나 매우 중요한 병법으로 꼽히고 있으니 노부나가가 얼마나 탁월한 지도자였는지 짐작할 수 있습니다.

오다 노부나가(織田信長, 1534~1582년)는 다이묘(大名 넓은 땅과 강력한 권력을 가진 지방 통치자)의 아들로 태어났습니다. 1549년 아버지 영지를 물려받아 직접 통치에 나섰고 점차 세력을 넓혀 갔습니다.

노부나가는 빠른 기동력으로 대군을 무찔러 일본을 놀라게 하는가 하면 새로운 문물을 받아들이거나 사람들이 좋아할 만한 정책을 재빨리 시행하여 인기를 얻었습니다. 그는 특히 소총에 대한 정보를 접하고서는 서둘러 소총부대를 조직했습니다. 일본의 다이묘로서는 최초였지요.

노부나가는 실제 전투에서 소총부대를 활용하여 크게 승리했는데 단순히 총만 쏘아 이긴 게 아니고 나름의 효과적인 전술을 적용했습니다. 예컨대 자신의 군대를 3조 3열로 편성하여 한 조가 총을 쏘는 사이에 다른 두 조는 앉아서 총알을 넣고, 차례로 총을 쏘게 하였습니다. 이렇게 되면 적군 입장에서는 쉴 새 없이 총알이 날아오는 셈이었지요. 날래기로 소문난 타케다 신겐의 기마부대 역시 노부나가의 소총부대에게 무너졌답니다.

그뿐만이 아닙니다. 노부나가는 넓은 평야를 차지하여 곡물을 확보하는 한편 농민과 병사를 분리하는 체제를 시행했습니다. 이전에는 전투가 벌어질 때만 농민이 입대하여 싸우곤 했거든요. 이에 비해 노부나가의 군대는 직업군인제였으므로 싸움 기술을 더 많이 익힐 수 있었습니다.

노부나가는 새로운 인물을 과감히 등용하고, 화폐를 만들어 통용시키고, 도로와 다리를 튼튼히 만들고, 검문소를 폐지하고, 예수회 선교사를 보호하면서 교토에 교회를 세우는 등 개혁적인 정책으로 새로운 나라를 만들고자 애썼습니다. 그러나 노부나가는 1582년 교토의 혼노사[本能寺]에 머물러 있던 중 배신한 부하의 공격을 받고 세상을 떠났습니다.

오늘날 오다 노부나가는 과감한 결단력과 추진력으로 합리적 현실주의를 이끌어 일본을 근대적 절대국가로 만든 인물로 평가받고 있습니다

그가 일본인이 가장 존경하는 위인으로 자주 손꼽히는 이유가 여기에 있습니다.

15·16일째 도쿠가와 이에야스(일본), 일본인 특유의 근면·절약 정신의 출발점

도쿠가와 이에야스가 가장 강적이었던 도요토미 히데요시를 제압하고 천하를 차지했을 때의 일입니다. 모든 다이묘(봉건영주)가 도쿠가와의 성으로 찾아와 인사를 했습니다.

"경하 드립니다."

그때 마당을 걷고 있던 이에야스는 갑자기 화장실에 가고싶어서 사람들에게 양해를 구하고 다녀왔습니다. 화장실에서 나오는 이에야스의 겨드랑이에는 종이 한 장이 끼워져 있었습니다. 그런데 이에야스가 손을 씻으려던 찰나 그 종이가 떨어지면서 바람결에 허공으로 날아갔습니다. 그러자 이에야스는 그 종이를 잡으려고 마당에서 춤추듯 이리저리 쫓아다녔습니다. 종이가 쉽게 잡히지 않는 바람에 그런 풍경은 한동안 계속되었고, 그걸 지켜본 다이묘들은 비웃으며 이에야스 흉을 보았습니다.

"종이 하나가 얼마나 한다고……."

"소문대로 지독한 구두쇠네."

이에야스는 이윽고 종이를 잡아채어 그것으로 손을 닦았습니다. 그러고는 빙긋 웃으며 다이묘들에게 말했습니다.

"나는 이렇게 해서 천하를 손에 넣었소이다."

그러자 다이묘들의 얼굴에서 이내 웃음이 사라졌습니다. 그 말에는 작은 것도 소중히 여겨 크게 모았다는 뜻도 담겨 있으려니와 이에야스 자신이 매우 강한 참을성을 지닌 사람이라는 의미도 들어 있었으니까요. 또한 나를 비웃는 너희들은 그래봤자 내 부하에 지나지 않는다는 말이기도 했지요.

위 일화는 도쿠가와 이에야스(德川家康, 1543~1616년)의 철학을 알려 주는 대표적인 사례입니다. 흔히 일본의 천하 통일 과정에 대해 일본인은 이렇게 말합니다.

"노부나가가 쌀을 찧고, 히데요시가 반죽한 떡을, 이에야스가 먹었다."

"노부나가가 낡은 집을 허물어 새 집 터를 마련하고, 히데요시가 그 집의 터를 닦고, 이에야스가 새 집을 완성했다."

이에야스는 혼란스러운 전국 시대를 평정한 인물이자 도쿠가와 바쿠후[德川幕府] 창시자입니다.

일본을 실질적으로 다스린 바쿠후[幕府] 자체는 1192년에 처음 설치됐지만 그 권한은 한정적이었습니다. 이에 비해 도쿠가와 바쿠후는 다이묘와 종교지도자는 물론 천황마저 통제하고 외교업무까지 다루는 강력한 중앙정부였습니다. 이때부터 천황은 허수아비 같은 존재가 되고 말았지요.

이에야스는 지방의 작은 다이묘인 미카와 오카자키의 아들로 태어나 어린 시절을 힘들게 지냈습니다. 큰 다이묘인 이마가와 가문과 오다 가문 사이에서 힘이 부족한 탓에 6세 때 이마가와 가문의 인질로 잡혀갔거든요. 다이묘의 아들이라고는 하지만 인질이므로 온갖 눈치를 보고 많은 고생을 했습니다.

"네 아들을 죽여라!"

이에야스는 어른이 된 뒤에 최대 권력자 오다 노부가나의 강요로 맏아들을 죽여야 하는 엄청난 고통을 겪었습니다. 그것만이 아닙니다. 오다 노부나가의 뒤를 이어 권력을 잡은 도요토미 히데요시에게는 아들을 인질로 보내야 했습니다. 그야말로 수모의 세월이었던 셈이지요.

그러나 이에야스는 참고 또 참았습니다. '내 반드시 천하를 차지하리라.' 이에야스는 신중하게 처신하며 신임을 쌓았고, 열심히 일하고 물품을 아끼는 절약 정신을 생활화하여 가난한 가문을 지키고자 애를 썼습니다. 그는 유언으로도 절약 정신을 강조했습니다. 오늘날 일본인의 특징 중 하나로 꼽히는 근면·절약 정신은 이에야스가 효시인 셈입니다.

이에야스는 일평생 사치하거나 위세를 부리지 않았으나 부하들 앞에서만큼은 주군으로서 근엄함을 지켰습니다. 자기 몫을 줄여서 부하를 만족시켜 주었고요. 마침내 이에야스는 뜻을 이뤘습니다. 그는 즉시 수도를 에도(지금의 도쿄)로 옮기고 해외무역을 강화함으로써 일본을 크게 발전시켰습니다. 이에 현대 일본인은 이에야스를 '근대 일본을 탄생시킨 지도자'라며 존경하고 있습니다.

17·18일째 미야모토 무사시(일본), 사무라이 정신을 완성한 전설적 검객

1600년 도쿠가와 이에야스가 세키가하라 전투에서 서쪽 다이묘들을 제압하고 일본의 패권을 차지했을 때, 전쟁터에서 부상당한 채 누워 괴로워하는 어린 병사가 있었습니다. 17세 나이의 다케조였습니다. 그는 몸의 아픔보다는 삶의 허망함에 더 괴로워했습니다. 영웅이 되고 싶어 기꺼이 전투에 참여했건만 돌아온 건 칼부림의 살벌함과 참혹함뿐이었으니까요. 심지어 패잔병으로 쫓기는 신세까지 되었으니 아무리 생각해도 서글펐습니다. 이때 다케조는 묘한 결심을 했습니다.

'일본 최고 검객이 되자! 1대1의 싸움에서 절대 승자가 되자.'

비록 단체의 일원으로 참가한 전투에서는 졌을지언정 개인 대 개인 결투에서만큼은 진정한 승자가 되고 싶었기 때문입니다. 이후 다케조는 혼자서 무술을 연마한 뒤 전국의 이름난 고수들을 찾아다녔습니다.

살기등등한 다케조의 칼 앞에 제법 칼 잘 쓰던 무사들이 하나씩 쓰러져 갔고, 다케조는 점차 유명해졌습니다. 자신감이 생긴 다케조는 더 큰 결심을 했습니다. 당대 최고 검객으로 손꼽히는 야규 무네요시와 맞대결을 하고자 한 것입니다. 무네요시는 '세키슈사이'로 불리는 뛰어난 병법가이자 도쿠가와 이에야스의 핵심 참모였습니다.

그런 사람을 상대한다는 건 무모한 자살이나 같았습니다. 그러나 100% 이긴다는 보장은 없지만, 지더라도 어차피 한 번 죽을 인생 조금 일찍 죽는다는 생각을 하니 무섭지 않았습니다.

다케조는 세키슈사이를 찾아가 정중하게 결투를 신청했습니다.

"한 수 부탁드립니다."

표면적으로는 가르침을 청했지만 실제로는 도전을 받아 달라는 요청이었습니다. 당시 무사는 도전을 받으면 당연히 응하는 게 관습이었고, 거부는 패배를 인정하는 행위와 다름없었습니다. 따라서 둘의 대결은 당연해 보였습니다.

그러나 세키슈사이는 감기에 걸려 몸이 좋지 않다는 이유로 도전을 거절했습니다. 그리고는 사과의 뜻으로 정원에 있는 작약 한 송이를 칼로 베어 다케조에게 주었습니다. 그건 누가 보아도 무사로서 가장 수치스러운 패배를 인정하는 행위였습니다. 처음에는 다케조도 그렇게 생각했습니다.

하지만 꽃을 받아든 다케조는 크게 놀랐습니다. 잘려진 작약 줄기를 보는 순간, 세키슈사이의 검술이 자신보다 뛰어남을 느꼈으니까요.

'나는 아직도 멀었구나!'

다케조는 부끄러웠습니다. 무조건 싸워 상대를 제압하는 것만을 승리라고 생각한 자신이 한없이 작게 느껴졌습니다. 무술도 그렇거니와 마음에서도 진 것이었거든요. 다케조는 이때부터 무술은 물론 마음을 가다듬는 훈련에도 나섰으며, 이후의 진검 대결에서 단 한 번도 지지 않았습니다. 고수의 은유적인 가르침 덕분에 또 다른 경지의 고수로 태어난 셈입니다.

오늘날 다케조는 미야모토 무사시(宮本武藏, 1584~1645년)라는 이름으로 더 유명하며, 일본의 전설적인 검성(劍聖) 혹은 검신(劍神)으로 추앙받고 있습니다. 무사시는 만년에 자신의 인생을 《오륜서(五輪書)》라는 한 권의 책으로 정리했는데, 여기에는 그의 검법과 사무라이 정신이 잘 담겨 있습니다. 평화 시대에 몰락한 사무라이들이 고향에서 도장을 열어 검도를 국민적인 운동으로 정착시켰다면, 무사시는 책을 통해 문무를 갖춘 사무라이의 무사 정신을 알린 것입니다.

무사시는 평생 금욕주의를 실천하며 정신적 깨달음을 추구했습니다. 그런 까닭에 무사시는 일본의 사무라이 정신을 완성한 검도인으로 평가받고 있습니다. 지금도 일본에서는 무사시의 일생을 다룬 영화, TV 드라마, 만화 등을 종종 볼 수 있습니다.

19 일째 사카모토 료마(일본), 가장 인기 있는 에도 시대 영웅

"가쓰 가이슈 때문에 일본은 외국이 시키는 대로 하는 거야. 그는 매국노야."

19세기 중엽 일본은 외국을 물리치려는 존왕양이(尊王攘夷)파와 서양을 적극 배워야 한다는 개국(開國)파 간에 갈등이 심했습니다.

"내가 그를 죽이겠소."

당시 수도 에도에 올라와 검술을 배우며 존왕양이주의자와 사귀던 사카모토 료마(坂本龍馬, 1835~1867년)는 나라를 구한다는 신념으로 암살에 나섰습니다. 하지만 그는 가쓰 가이슈로부터 "일본이 잘 사는 길은 외국의 발달된 지식과 기술을 배우는 방법뿐"이라는 데 설득 당하면서 오히려 그의 제자가 됐습니다.

가난한 하급 무사의 아들로 태어나 어릴 때 선생님도 포기할 정도로 공부를 못한 료마는 이때부터 다른 인생을 살았습니다.

그는 가이슈의 영향을 받아 무역회사를 차렸으며 적극적으로 서양 문물을 받아들였습니다. 물론 그에 반대하는 세력이 적지 않았으나 료마는 서로에게 필요한 걸 주고받는 타협책으로 일을 해결해 나갔습니다. 정해진 원칙보다는 합리적 실용을 판단의 기준으로 삼은 것이지요.

예컨대 적대관계인 사츠마번과 쵸슈번의 동맹 체결이 그렇습니다. 무기 수입이 금지된 쵸슈에는 사츠마에서 무기를, 쌀이 부족한 사츠마에는 쵸슈에서 쌀을 지급하는 합의를 이끌어 낸 것이지요. 이 동맹은 이후 바쿠후를 무너뜨리는 계기가 됐으며, 료마는 계속하여 개화에 도움이 된다면 양이파든, 개국파든 가리지 않고 사람을 만났습니다.

료마는 반대파에 의해 33세의 나이로 암살되었습니다. 그러나 역사적 흐름은 개화로 나아갔고 일본은 메이지 유신을 단행하여 새로운 시대를 열었습니다. 료마는 메이지 유신의 밑바탕을 닦은 인물이라 하여 오늘날 일본의 인기조사에서 으뜸으로 손꼽히고 있습니다.

20' 일째재 노구치 히데요(일본), 노력으로 어려움을 뚫은 생물학자

"앗, 뜨거워!"
"아이고, 이를 어째."

어린 노구치 히데요(野口英世, 1876~1928년)는 부엌에서 놀다가 그만 엄청 뜨거운 곳에 왼손을 데었습니다. 깜짝 놀란 그의 어머니는 재빨리 응급조치를 했지만 화상이 깊어서 후유증이 생기고 말았습니다. 신경이 상해서 손가락을 제대로 움직이지 못하게 된 것입니다.

어머니는 자신의 부주의 때문에 아들에게 장애가 생겼다며 몹시 괴로워했습니다. 하지만 히데요는 그런 현실에 굴복하지 않았습니다.

"손가락을 남들만큼 자유롭게 쓸 수는 없으나 완전히 못 쓰는 건 아니잖아요."

히데요는 더 많이 노력했습니다. 그는 1897년 의술 개업시험에 합격했고, 세균학을 공부하고자 1900년 미국으로 건너갔습니다. 1904년에는 록펠러 의학연구소 조수로써 독사의 독을 연구했으며 각종 질병의 원인과 치료법을 찾아냈습니다. 이와 더불어 세계적으로 이름이 알려졌습니다. 사람들은 히데요가 천재라고 칭찬했습니다.

"참으로 두뇌가 뛰어난 분이군요."

그러나 히데요는 그런 말을 듣기 싫어하며 이렇게 말하곤 했습니다.

"타고난 천재적인 재능 따위는 없습니다. 어떤 어려움도 이겨 내면서 노력에 노력을 쌓아 남보다 세 배, 다섯 배 공부해야 합니다. 그것이 천재입니다."

히데요는 1918년부터 사망률 높은 열대병을 연구하고자 아프리카에 몇 차례 갔다가 그만 황열병(온몸이 누렇게 되고 피를 토하고 죽는 전염병)에 걸렸습니다. 그는 이내 세상을 떠났으나 그의 업적과 열정은 높은 평가를 받아 '일본의 슈바이처'로 불립니다. 일본 지폐 1천엔에 그의 초상화가 그려져 있습니다.

21'일째 후쿠자와 유키치(일본), 일본 근대화의 아버지

"같이 놀자."
"천한 놈이 어딜 감히 어울리겠다는 것이냐!"

소년은 또래 소년들로부터 심한 말을 들었습니다. 분명히 같은 무사 계급이지만 그들은 이미 신분으로 굳어진 상급 사무라이 집안의 자손들이고, 자신은 하급 사무라이의 아들이었기 때문입니다.

'이건 불공평해. 노는 것조차 차별하다니……'

소년은 몹시 화가 났으나 어쩔 도리 없이 참고 견뎌야 했습니다. 당시 일본은 사무라이 사이의 문벌(대대로 내려오는 그 집안의 사회적 지위)제도가 엄격했고, 어른들은 물론 아이들이 사용하는 말투조차 크게 달랐으니까요.

'그렇지만 난 이런 현실을 받아들이지 않을 거야.'

소년의 이름은 후쿠자와 유키치(福澤諭吉, 1835~1901년)입니다. 가난한 하급 사무라이의 아들로 태어난 그는 2세 때 아버지를 여의고 어렵게 생활했습니다. 후쿠자와 유키치는 청소년 시절 나가사키로 가서 란가쿠[蘭學]를 배웠습니다. '란가쿠'는 네덜란드 인을 통해 일본에 전해진 서양의 지식과 과학을 표현하는 말입니다. 그는 1854년 미국 페리 제독이 군함 네 척을 이끌고 일본에 오자 영어도 배웠습니다. 서양 지식을 배우면 뭔가 새로운 세상을 열 수 있으리라 여긴 까닭이지요.

1860년에는 함장의 심부름꾼으로 배를 타고 미국에 갔으며 1862년에는 바쿠후 사절단에 끼어 유럽에 다녀왔습니다. 그는 서양 문명에 큰 충격을 받고 그걸 일본에 전하고자 노력했습니다. 《서양 사정》이란 책을 쉬운 글로 쓰고 처음으로 대중강연도 했습니다. 24세 때인 1858년에는 난학숙(蘭學塾)이라는 교육기관을 세웠는데, 이는 후에 게이오[慶應] 대학으로 발전했습니다.

그는 정부장관 제의를 뿌리치고 민간인으로 메이지 시대에 활약했습니다. 일본 지폐 초상화가 몇 차례 바뀌었는데도, 1만엔에 있는 그의 얼굴은 늘 그대로일 정도로, 그는 '일본 근대화의 아버지'로 여겨집니다.

22'일째 나쓰메 소세키(일본), 일본의 셰익스피어라 불리는 소설가

한 대학교 강의실에서 있었던 일입니다. 강의하던 교수가 어떤 학생을 보니 바지 주머니에 한 손을 넣은 채 수업을 듣고 있었습니다. 엄격한 성품의 교수는 굳은 표정으로 한마디 했습니다.

"학생, 주머니에서 그 손을 빼게."

하지만 학생은 약간 당황한 표정만 지을 뿐 손을 빼지 않았습니다. 그에 화가 난 교수는 학생 앞으로 다가가서 다시 말했습니다.

"그런 자세는 불손하니 어서 그 손을 바지에서 빼게."

그러자 학생은 몹시 곤혹스러운 얼굴로 조심스레 말을 했습니다.

"교수님, 저는 한쪽 팔이 없습니다. 그래서 어쩔 수 없이……"

의외의 말에 깜짝 놀란 교수는 학생의 속사정을 알지 못하고 나무란 게 미안했습니다. 잠시

어색한 순간이 흘렀지요. 교수는 이윽고 미소 지으며 학생에게 말했습니다.

"여보게, 교수인 나도 없는 지식을 억지로 짜내어 가르치고 있으니, 자네 역시 없는 팔 한쪽을 드러내 주지 않겠나?"

자신의 실수를 인정하면서 편안한 웃음을 이끌어 내는 지혜의 말이었지요. 이 일화의 주인공인 교수 이름은 나쓰메 소세키(夏目漱石, 1867~1916년)입니다. 영문학자이자 소설가이며, 2004년 10월 이전까지 일본의 1천엔 지폐 모델이었습니다.

나쓰메 소세키는 메이지 유신으로 일본이 빠르게 변화할 때 문학을 공부했고, 1900년 국비 장학생으로 선발되어 영국에 유학을 다녀왔으며 잠깐 교수 생활을 한 뒤 소설가로 나섰습니다. 《나는 고양이로소이다》를 비롯한 그의 소설은 대체적으로 자신의 삶을 되돌아보는 특징이 있습니다. 그리하여 일본인은 사회가 어려울 때마다 그의 소설을 통해 반성과 깨달음을 얻곤 합니다. 현재 나쓰메 소세키는 국제적인 명성을 지닌 20세기 작가이자 '일본의 셰익스피어'라 불리고 있습니다.

23·24일째 마쓰시타 고노스케(일본), 성실과 창의력을 강조한 경영의 신

"얘야, 담배 좀 사다 줄래?"

자전거를 사러 온 손님이 소년에게 돈을 주며 담배를 사다 달라고 부탁을 해 왔습니다.

"예, 알겠습니다."

자전거 상점에서 일하는 소년은 빠른 걸음으로 담배를 사와 손님에게 갖다 드렸습니다. 그런데 이런 일이 자주 일어났습니다. 자전거 상점에 찾아오는 손님들 중 많은 사람들이 담배를 사다 달라고 했으니까요. 수시로 심부름을 가게 된 소년은 생각했습니다.

'일일이 부탁받고 담배 심부름을 다니기보다는, 많이 사 두었다가 그때그때 필요한 사람들에게 팔면 어떨까. 나도 편하고 손님도 빨리 담배를 손에 넣으니 서로 좋지 않을까. 게다가 스무 갑을 한꺼번에 사면 한 갑을 덤으로 얻을 수 있으니 조금이나마 이익을 볼 수 있을 거야.'

소년은 곧 그걸 실천하여 상점 주인을 비롯한 주위 사람들에게 칭찬을 받았습니다. 원래 자기가 해야 하는 일이 아님에도 불구하고 성실하게 응했을 뿐 아니라 지혜를 짜내어 이익까지 얻었으니, 칭찬받는 건 당연했지요.

일반적으로 사람들은 자기 일이 아닌 일을 부탁받았을 때 귀찮아합니다. 그 일이 매우 단순하고 재미없다면 더욱 그렇습니다. 아마도 대부분의 사람들은 자

전거 상점에서 일할 때 담배 심부름을 요구받는다면 짜증 낼 가능성이 높습니다. '자전거 파는 곳에서 담배 심부름을 왜 하나?' 싶겠지요. 그런데 소년은 짜증을 내기보다는 머리를 써서 돈을 벌었습니다. 얼마 후 소년은 독립하여 자기 가게를 차렸고 날로 성공을 거뒀습니다. 성실함에 창의력까지 발휘하여 그렇게 잘된 것이지요. 소년의 이름은 마쓰시타 고노스케(松下幸之助, 1894~1989년)입니다.

마쓰시타 고노스케는 내셔널·파나소닉·테크닉 등의 유명 상표로 일본뿐만 아니라 세계 가전제품 시장을 휩쓸고 있는 마쓰시타 전기[松下電機]의 창업주입니다. 2000년 가을, 《아사히 신문》이 지난 1천년간 일본 최고의 경제인을 조사한 결과 최고 경제인으로 선정되기도 했습니다. 한마디로 대단한 지도력을 가진 기업가이며, 그의 경영 방침은 많은 사람들에게 모범이 되고 있습니다.

마쓰시타는 소켓 하나를 놓고 서로 먼저 쓰겠다고 다투는 어느 자매를 보고 쌍소켓을 발명해 돈을 벌었습니다. 이후 자전거 상점에서 일했던 경험을 바탕으

로 자전거 앞을 비춰 주는 전지 라이트도 발명했으며 그밖에 여러 응용 발명품으로 계속 성공을 거뒀습니다. 그러하기에 마쓰시타는 창의력을 매우 중요하게 여겼으며, 기본적으로 일상에서 불편한 게 없는지 살피곤 했습니다. 그걸 고치는 과정에서 자연스레 발명이 이뤄지기 때문입니다.

 마쓰시타는 또한 성실함을 매우 중요하게 생각했습니다. 자전거 상점에서 일하던 시절, 주인이 돈을 훔친 다른 종업원을 용서해 주자 자기가 일을 그만두겠다고 말할 만큼 정직과 성실을 강조했습니다. 실제로 마쓰시타는 회사를 운영할 때 성실한 사람에게 많은 권한을 주었습니다. 회사 사장이 모든 일을 혼자 결정하고 처리하던 당시 관습과 달리, 마쓰시타는 영업부·인사부·경리부 등 각 부서의 부서장에게 권한을 준 최초의 일본 기업가입니다.

마쓰시타는 자기가 성공한 것은 다음과 같은 조건 때문이었다고 말했습니다.

첫째, 학력이 없는 것, 둘째, 가난한 집에 태어난 것, 셋째, 몸이 약했던 것. 다시 말해, 배우지 못했기 때문에 뛰어난 사람을 소중히 했고, 가난했기 때문에 열심히 노력하고 연구했으며, 자기 몸이 약했던 까닭에 부하에게 권한을 주며 일하게끔 한 게 성공 요인이라는 뜻입니다. 오늘날 마쓰시타는 일본에서 '경영의 신(神)'으로 불리고 있습니다.

25일째 데즈카 오사무(일본), 아톰을 창조한 애니메이션 만화가

1945년 3월의 어느 날, 일본 오사카에 연합군 공습이 대대적으로 일어났습니다. 그날 오사카 공장에 동원되어 일하던 데즈카 오사무(手塚治蟲, 1928~1989년)는 옥상 감시탑에서 공습 경계를 서다가 그 폭격을 보았습니다.

"꽝, 꽈광 꽝!"

여기저기 떨어진 폭탄은 수많은 건물을 부숴 버렸고 사람들을 죽였습니다. 무려 3시간에 걸친 폭격이 끝난 뒤 길가에는 시체들이 널브러진 참혹한 광경이 펼쳐졌습니다.

'세상에 이럴 수가······. 이게 현실이 아니라 만화였으면 좋겠어.'

데즈카는 어렸을 때 만화를 많이 보고 자란 사람이었습니다. 집안 형편이 경제적으로 넉넉했던 덕분이었지요. 그는 날마다 만화를 보면서 따라 그리다 손에 물집이 생기기까지 했습니다. 이때 자기 손을 치료해 준 의사에게 감명받아 의

사가 되겠다고 결심했습니다. 하지만 전쟁으로 일단 그 꿈을 접고 공장에서 일했던 것인데, 폭격의 충격이 무척이나 컸습니다.

데즈카는 전쟁이 끝나기 직전 의과대학에 진학하여 의술을 배우는 한편 만화도 그렸습니다. 다행히 그의 만화는 인기를 끌었고 자꾸 일감이 늘었습니다. 아무래도 의학과 만화 둘 중 하나만 선택해야 했습니다. 그는 어머니에게 의견을 물었고, "의사와 만화가, 어느 게 좋니?"라는 어머니 질문에 "만화가"라고 대답했습니다. "그럼 만화가가 되렴."

이때부터 데즈카 오사무는 본격적으로 만화가의 길을 걸었고 갈등하는 사람들의 화해를 추구하는 내용을 즐겨 그렸습니다. 다툼 없이 평화로운 삶을 꿈꾸었기 때문이지요. 데즈카가 만든 일본 최초의 TV 애니메이션 〈우주소년 아톰〉은 1963년 일본을 사로잡았고 새삼 생명의 고귀함을 일깨워 주었습니다. 데즈카는 "모든 생명들을 사랑하자!"고 주장했으며 일본 애니메이션의 개척자로 평가받고 있습니다.

26 · 27일째 마하트마 간디(인도), 귀한 집 아들에서 독립투사가 된 성인

"산다는 건 즐거운 일이야."

인도의 상류계급으로 태어났고, 영국으로 유학 가서 여유롭게 지내며 유럽인을 좋은 친구로 생각하는 부잣집 아들이 있었습니다. 그는 영국에서 법률을 공부한 뒤 인도로 돌아와 변호사 사무실을 열었습니다. 하지만 기대와 달리 일이 별로 없었습니다. 당시 인도에는 변호사가 너무 많았거든요.

"어유, 따분해."

그러던 어느 날 소송(법원에 재판을 청구하는 일) 의뢰가 들어왔습니다. 그런데 멀리 남아프리카 공화국에서 처리해야 할 일이었습니다. 아마도 찾아갈 곳이 너무 멀었기 때문에 그에게 일감이 들어온 듯싶었습니다. 그는 망설이지 않고 그 사건을 맡았습니다.

그는 남아프리카 공화국까지 가서 기차를 탈 때 1등석 표를 샀습니다. 그런데 표를 검사하러 온 기차 차장이 "유색인종은 1등석에 앉을 수 없다"며 3등석으로 그를 내쫓았습니다. 그가 강하게 항의했으나 아무 소용없었습니다. 태어나서 처음으로 인종 차별을 겪은 것이지요.

봉변은 거기서 끝나지 않았습니다. 기차역에서 내려 마차를 타고 가던 도중에는 뒤늦게 탄 백인에게 자리를 내주지 않는다는 이유로 백인 마부에게 두들겨 맞았습니다. 뿐만 아닙니다. 그는 호텔에서 잘 수 없었습니다. 호텔은 오직 백인만 이용할 수 있었던 까닭입니다. 돈을 더 준다 해도 통하지 않았습니다. 오히려 모욕적인 말만 들었습니다.

"이 더러운 놈아, 저리 꺼져!"

그는 인도로 돌아가고 싶었으나 그럴 수 없었습니다. 1년 동안 일을 하기로 계약했거든요. 어쩔 수 없이 남아프리카 공화국에 머물게 된 그는 차츰 인내를 배웠고 한편으로 인종 차별에 합법적으로 저항하기 시작했습니다. 이전까지 '귀한 신분'이라는 대접만 받았고, 나약한 심성을 지닌 그로서는 대단한 변화였습니다. 그는 나아가 본격적 투쟁에 나섰는데, 그때까지 해온 법률 공부가 큰 도움이 되었습니다.

그의 이름은 간디(Gandhi, 1869~1948년)입니다. 어린 시절 인형극을 보고 밤새 울고, 남이 싫은 소리 한마디 하면 주눅 들던 소심한 소년. 종교적 반항심 때문에 나쁜 짓을 하다가도 이내 죄책감에 시달려 곧 정신 차렸던 심성 착한 청년. 간디는 이처럼 마음이 여렸지만, 24세 때 자신이 직접 겪은 부당한 대우를 계기로 투쟁에 나선 것입니다.

간디는 남아프리카 공화국에서 차별받는 인도인들을 법률적으로 지원했고 그

실상을 외부 세계에 적극적으로 알렸습니다. 그래도 별다른 진전이 없자 간디는 1906년부터 시민불복종운동에 나섰습니다. 인도인들은 하나가 되어 간디를 따르면서 다음과 같이 맹세했습니다.

"우리는 법령 불복종으로 인한 모든 불이익을 군말 없이 받아들이겠습니다."

이로써 사티아그라하(satyagraha)가 태어났습니다. 힌디어로 '진실의 힘'이라는 뜻이며, 적대자에게 폭력을 쓰지 않고 저항해 그들 잘못을 바로잡게 하는 새로운 투쟁 방법입니다.

간디는 1914년 인도로 돌아와 영국에 협조적 태도를 보였으나 1919년 민중탄압법이 만들어지자 사티아그라하 투쟁을 선언했습니다. 이듬해 그는 인도에서 가장 영향력이 큰 지도자가 됐고 열한 차례나 투옥당하면서도 인도 독립운동에 헌신했습니다. 1942년엔 대규모 반영불복종운동을 이끌어 마침내 영국으로부터 인도의 독립을 이뤘습니다.

간디의 '비폭력 불복종'을 인도인 모두가 찬성한 건 아닙니다. 예컨대 인도의 무사계급은 그 운동을 그다지 달가워하지 않았습니다. 그렇지만 영국이 인도를 독립시킨 데에는 간디의 영향이 매우 큽니다. 도덕성에서 간디가 많은 걸 일깨워 주었거든요. 이런 업적을 높이 평가하기에 현재 인도의 모든 지폐에는 간디 초상화가 그려져 있습니다. 또한 존경의 표시로 그의 이름 앞에 '마하트마(Mahatma 위대한 영혼의 소유자)'란 명예로운 호칭을 붙이고 있답니다.

28일째 자와할랄 네루(인도), 아프게 맞고 깨우친 바른 심성

네루가 6세 때의 일입니다. 네루는 아버지 책상 위에 만년필이 두 개 놓여 있는 것을 보고 한 개를 슬쩍 가져갔습니다. 두 개니까 한 개쯤 그냥 가져가도 된다고 생각했거든요. 그러나 그것은 잘못된 생각이었습니다. 며칠 뒤 아버지는 만년필이 하나 없어진 사실을 깨닫고 하인에게 찾아오라 명했습니다. 하인은 네루의 방에서 발견한 만년필을 가져다주었고, 아버지는 어린 아들을 무섭게 매질했습니다.

"누가 네게 도둑질을 가르쳤더냐? 필요하면 말해야지 왜 말없이 가져가!"

부유한 집 외아들로 고이 자란 네루로서는 매우 충격적인 일이었습니다. 그는 몸이 아프기도 했지만 너무 부끄러워서 어머니에게로 달려갔습니다. 어머니는 언제나처럼 부드러운 목소리로 네루를 달래 주면서 몸에 약을 발라 주었습니다. 어머니 품은 편안했습니다. 그 품 안에서 네루는 생각했습니다.

'그래. 다시는 말없이 가져가지 말자. 허락 없이 물건을 가져가는 것은 나쁜 짓

이니까.'

 물론 아버지의 매질이 너무 심했다는 생각도 했습니다. 하지만 네루는 자기가 먼저 나쁜 짓을 했으므로 아버지에게 맞은 것은 당연한 일이라고 판단했습니다. 훗날 네루는 존경하는 사람이 누구냐는 질문을 받았을 때 간디와 함께 아버지를 손꼽았습니다. 어린 시절에는 그저 달래 주는 어머니가 친구처럼 좋았는데, 어른이 되고 보니 잘못을 고쳐 준 아버지가 더욱 고마운 존재로 여겨졌던 까닭입니다.

 자와할랄 네루(Jawaharlal Nehru, 1889~1964년)는 훗날 영국 지배를 받던 인도를 독립시키고 초대 총리를 맡았습니다. 마하트마 간디가 정신적으로 인도인의 아버지 노릇을 했다면, 네루는 살림을 맡은 어머니 노릇을 했다고 볼 수 있습니다. 네루는 요령 있는 일솜씨로 '판디트(현명한 사람)'라는 별명을 얻었으며, 외교에서 중립정책을 추구한 것으로 유명합니다.

29·30일째 칭기즈 칸(몽골), 싸울 땐 잔인하고 지배할 땐 너그러운 통치자

칭기즈 칸이 사냥에 나섰을 때의 일입니다. 한참 빠르게 말을 달려서인지 신하들과 잠시 떨어져 혼자 있게 되었습니다. 목마름이 심하게 느껴졌는데, 때마침 머리 위 바위틈에서 맑은 물이 뚝뚝 떨어졌습니다. 칭기즈 칸은 물잔을 꺼내 물방울을 받은 다음 그걸 마시려 했습니다. 그때였습니다. 사냥에 늘 데리고 다니던 매가 하늘에서 빙빙 돌다가 재빨리 날아와 물잔을 떨어뜨리고는 다시 날아갔습니다. 칭기즈 칸은 땅에 떨어진 물잔을 집어 다시 물을 받았습니다. 하지만 이번에도 매가 날아와 물잔을 떨어뜨렸고, 세 번째는 물잔을 잡아채서 어디엔가 버리고 돌아왔습니다.

"아니, 이놈이 정말!"

칭기즈 칸은 화를 참지 못한 나머지 칼로 매를 죽였습니다. 그리고 물을 먹기 위해 바위 위로 기어 올라갔습니다. 물웅덩이에 직접 입 대고 물을 마시기 위해서였지요. 그런데 웅덩이에는 독사 한 마리가 죽어 있었습니다. 그제야 칭기즈 칸은 매의 행동을 이해했습니다.

"내게 위험을 알리려고 그리 했구나. 나는 어리석게도 그걸 계속 못 알아챘고……."

칭기즈 칸은 충성스런 매의 시체를 가방에 넣고 돌아오면서 깊이 반성하며 중얼거렸습니다.

"이제부터는 어떤 일이든 절대로 홧김에 결정을 내리지 않겠다."

화가 난 상태에서는 누구나 올바른 판단을 하기 어렵습니다. 칭기즈 칸은 아끼던 매를 잃고서야 뒤늦게 그걸 깨달았지만 이후에는 모든 일을 냉정히 판단하고 뛰어난 통솔력을 발휘했습니다.

1995년 미국의 《워싱턴포스트》 신문은 지난 1천년간 인류 역사에서 가장 중요한 인물로 칭기즈 칸을 선정하면서 '천년의 인물'이란 칭호까지 주었습니다. "사람과 과학 기술의 이동을 통해 지구를 좁게 만들었다"고 평가하면서 말이죠. 몽골의 초원에서 시작해 대제국을 건설하는 과정에서 여러 문물의 교류를 이뤘고 그 결과 상당히 많은 나라가 큰 변화를 겪었다는 뜻입니다.

칭기즈 칸(成吉思汗, Chingiz Khan, 1162~1227년)은 몽골 제국의 창시자입니다. 그의 이름은 '왕 중의 왕', '막강하고 위대한 군주'를 의미합니다.

그러나 그렇게 되기까지 참으로 많은 시련이 있었습니다. 그는 어려서 아버지를 잃고 고향에서 쫓겨났으며, 너무 가난해 들쥐를 잡아먹기도 했습니다. 배운 게 없어 자기 이름도 쓸 줄 몰랐습니다.

그러나 그는 의지가 강하고 현명했습니다. 칭기즈 칸은 조금씩 힘을 길렀고, 지혜로운 사람의 말을 귀담아 들었으며, 적은 군사로 상대를 제압하기 위한 방법을 찾아냈습니다. 칭기즈 칸은 "배고픔과 차별 없는 사회를 만들겠다"는 약속으로 여러 부족의 협력을 얻어 냈고 점차 지배자로서 강력하게 통치했습니다. 그는 빠르게 공격하여 적진을 무너뜨리고 현지에서 식량을 얻는 전술, 쉽게 말해 죽기 살기로 병사들을 이끌었습니다. 병사들은 먹을 걸 차지하고자 있는 힘을 다했고, 전투가 끝난 뒤에는 넉넉한 상을 받음으로써 만족해했습니다. 상대적으로 전쟁에 진 부족이나 나라는 끔찍하리만치 많은 걸 빼앗겼습니다.

또한 칭기즈 칸은 적장이나 적군을 잔인하게 고문하거나 죽이는 것으로 주변 국가에까지 악명을 떨쳤습니다. 그건 일종의 심리전이었습니다. 싸우기도 전에 무서움을 안겨 줌으로써 상대가 의욕을 잃게 만드는 것이었거든요. 이런 전략은 항상 통했고, 결국 칭기즈 칸은 중국 대륙과 유럽 대륙 일부를 다스리는 거대한 제국을 건설하는 데 성공했습니다.

칭기즈 칸은 비단길(Silk Road)을 다시 열어 상업을 활성화시켰으며, 기독교를 비롯한 여러 종교인도 자유롭게 드나들게 해 주었습니다. 그는 현지문화를 존중하는 한편 외래문화도 받아들인 것입니다. 그는 정복할 땐 파괴자였으나 지배할 땐 너그러운 통치자였던 셈입니다.

현재 몽골의 500투그릭과 1000투그릭 지폐에는 칭기즈 칸이 그려져 있으며 그는 여전히 몽골인의 자랑스런 영웅으로 남아 있습니다.

31일째 호세 리잘(필리핀), 1페소 동전에 새겨진 필리핀 독립 영웅

아이는 나방이 등불 주위를 맴도는 걸 유심히 보았습니다.

"엄마, 불이 몹시 뜨거울 텐데 어째서 나방은 등불 가까이 날아다니나요?"

그러자 엄마가 대답했습니다.

"예전에 엄마 나방의 말을 듣지 않고 등불 가까이 다가갔다가 불에 타 죽은 어린 나방을 본 적이 있단다. 나방은 불빛을 좋아해. 그러므로 자칫 날개가 타서 죽을 가능성이 높단다."

사실 나방은 (불)빛을 향해 일정한 각도를 유지하면서 날아드는 습성이 있으며 그 결과 나사 모양으로 비틀며 빙빙 돌다가 결국 불 속으로 들어가게 됩니다. 엄마는 그런 나방의 성질을 설명해 주면서 아울러 위험한 일을 조심해야 한다는 걸 일깨워 주었습니다.

아이의 이름은 호세 리잘(Jose Rizal, 1861~1896년)이며, 오늘날 필리핀에서 호세 리잘을 모르면 매우 무식한 사람으로 여겨집니다. 왜냐하면 필리핀이 300년 넘게 스페인의 지배를 받다가 독립하는 데 호세 리잘이 결정적 역할을 했기 때문입니다. 필리핀 1페소 동전에 그의 얼굴이 새겨져 있고, 필리핀의 모든 대학교에서 필수 교양과목으로 '호세 리잘'이란 과목을 가르칩니다. 그의 이름을 딴 리잘 공원이 수도 마닐라에 있을 정도이니 얼마나 유명한지 짐작할 수 있겠지요?

　제분소, 약국, 잡화상 등을 운영하는 넉넉한 집안에서 태어난 호세 리잘은 어려서부터 많은 책을 읽으며 자랐습니다. 공부를 잘해 학교에 다닐 때는 항상 일등을 차지했고요. 그는 시와 미술에 관심이 많았지만 대학에서는 의학을 전공했습니다. 사람들에게 의술을 베풀기 위해서였지요. 하지만 스페인으로 유학 가서 식민지인이라는 이유로 무시당하자 조국을 해방시켜야겠노라 결심했습니다. 이후 귀국하여 식민지 정책을 비판하는 책을 내는가 하면 시위를 주도했고 가난한 환자들을 치료해 주었습니다. 그는 붙잡혀 총살당했으나 그가 마지막으로 남긴 시 한 편이 독립운동에 불을 지폈고 마침내 필리핀은 독립하기에 이르렀습니다.

32일째 막사이사이(필리핀), 서민들을 위한 정치로 존경받은 대통령

"당신은 지금 교통 규칙을 어겼습니다. 면허증을 보여 주십시오."
필리핀 마닐라에서 자동차 한 대를 정지시킨 경찰관이 운전자에게 정중히 요청했습니다. 그러자 운전자가 말했습니다.

"죄송합니다. 옷을 갈아입느라 면허증을 미처 챙기지 못했습니다."
"아니, 운전자가 면허증을 항시 갖고 다녀야 한다는 걸 잊으셨나요? 그럼 당신의 이름과 직업을 말하십시오."
"네, 앞으론 조심하겠습니다. 제 이름은 라몬 막사이사이, 직업은 대통령입니다."

"각하, 몰라 뵈어 죄송합니다. 하지만 교통 규칙 위반에 따른 벌금은 내셔야 합니다."

"물론 그래야겠지요."

운전자는 미소 지으며 고개를 끄덕였습니다. 이에 경찰관은 재빨리 벌금 고지서를 써서 운전자에게 건네준 다음 경례하였습니다.

"각하, 안녕히 가십시오!"

이 소식은 금방 신문에 보도되었고, 많은 사람들이 감동했습니다. 권력을 가진 사람들은 으레 잘못을 범해도 무시하고 넘어가기 십상인데, 막사이사이 대통령은 보통 사람들과 똑같이 처신하고 벌금을 냈기 때문입니다. 더구나 막사이사이는 평소에도 솔선수범하는 자세로 서민들과 함께해 왔기에 그의 행동은 억지 연출이 아니라 진정 겸손한 태도로 평가받은 것입니다.

라몬 막사이사이(Ramon Magsaysay, 1907~1957년)는 국방장관 시절에 공산주의자들의 반란을 성공적으로 진압하여 유명해진 인물입니다. 그는 1953년 필리핀 대통령으로 취임해 서민과 농민을 위한 정책을 펴던 중 1957년 비행기 추락 사고로 세상을 떠났습니다.

그가 죽은 후 그의 업적을 기리고자 만든 막사이사이 상은 아시아의 노벨상이라고 할 만큼 명예로운 상으로 여겨지고 있습니다. 상금은 적지만 그의 명예가 담겨진 까닭입니다.

33일째 투안쿠 이맘 본졸(인도네시아), 금욕적 이슬람교를 전파시킨 독립운동가

"너희들을 그대로 놔둘 수는 없다!"

"알라의 뜻을 거스르는 너희야말로 반성하라!"

1821년 미낭카바우(수마트라)에서 네덜란드의 지원을 받는 지방 우두머리들과 '파드리'라 불리는 개혁파 이슬람 교도 사이에 큰 싸움이 일어났습니다. 파드리는 욕망을 자제하고 맑은 신앙심으로 살아가자는 이슬람 교 개혁운동가들을 가리키는 말입니다. 1803년 메카를 다녀온 세 명의 순례자는 당시 욕망을 추구하던 이슬람 교에 반기를 들었으며, 빠른 속도로 호응을 얻었습니다. 그러자 식민통치국가인 네덜란드와 협력하며 살던 기존 정치·종교 지도자들이 그들을 그대로 놔두지 않았던 것입니다.

투안쿠 이맘 본졸(Tuanku Imam Bondjol, 1772~1864년)은 변화의 중심에서 이슬람 교 개혁을 이끈 사람입니다. 이맘 본졸은 자기 고향의 계곡에 '본졸'이라는 요새 겸 공동체 사회를 세웠습니다. 자연히 이 곳은 파드리 교의 성전이 되었고 사람들이 몰려들었습니다.

급기야 '파드리 전쟁'이라 불린 종교 내전이 일어났습니다. 파드리파는 기존 정치가들에게 맞서 싸워 한동안 이겼으나 1832년 지도자 이맘 본졸이 네덜란드 군에게 항복하면서 그 위세가 약해졌습니다. 이맘 본졸은 얼마 후 탈출하여 다시 맞싸웠지만 1837년 재차 붙잡혔습니다. 이로써 파드리파는 몰락하고 전쟁이 끝났습니다.

그렇지만 인도네시아가 네덜란드로부터 독립한 이후 인도네시아 사람들은 이맘 본졸을 그들의 영웅으로 받들었습니다. 그가 이슬람 교를 널리 퍼뜨리고, 네덜란드에 대한 독립운동을 인상적으로 이끌었기 때문입니다. 그리하여 오늘날 인도네시아의 5000루피아 지폐에 그의 얼굴을 새겨 그 정신을 기리고 있습니다.

34·35일째 호치민(베트남), '호 아저씨'라 불린 강인한 지도자

"그는 빈틈없는 전략가이자 카리스마 넘치는 지도자였다. 뿐만 아니라 레닌과 간디의 재능을 겸비한 탁월한 조직가였다."– 미국 역사학자 윌리엄 J. 듀이커

"현재 살아 있는 민족주의자 가운데 그만큼 불굴의 정신으로 오랫동안 적의 총구 앞에 버티고 서 있었던 사람은 없다." – 미국 시사주간지 《타임》

위와 같은 평가를 받은 사람은 호치민(胡志明, 1890~1969년)입니다. 호치민은 지난 1969년 세상을 떠났지만, 그에 대한 베트남 사람들의 존경심은 절대적입니다. 그는 베트남 건국의 아버지요, 일본·프랑스·미국을 물리친 혁명 투사이기 때문입니다. 그러나 더 큰 이유가 있으니 그의 평생에 걸친 굳은 신념과 검소한 생활태도입니다. 호치민은 일생 동안 사치를 멀리 하고 '박호(호 아저씨)'란 친근한 이름으로 불릴 정도로 서민과 기쁨이며 아픔을 같이 하며 살았거든요.

"뭐하는 짓이오? 당장 그만두고 그걸 학교 짓는 데 쓰시오!"

1959년 군인들이 그의 고향에 박물관을 짓기 위해 사들인 건축 자재들을 보고 호치민은 이처럼 큰 호통을 쳤습니다. 대통령으로 일할 땐 대통령궁 사용을 꺼려 근처 허름한 집에서 항상 농민복에 이웃집 아저씨 같은 염소수염을 기른 채 서민들과 어울렸고요. 일생 독신으로 지낸 그의 기질은 소박하고 금욕주의적이기까지 해서 거처엔 조그마한 서재와 생활 도구 몇 가지가 전부였답니다.

그러하기에 1975년 통일된 뒤 베트남 정부는 '사이공' 시를 '호치민' 시로 이름을 바꾸었습니다. 1992년엔 실종 미군을 찾아 나섰던 미국 군민합동조사반 두 명이 호치민 묘소에 방부 처리된 채 안치된 그의 시신을 모욕했다는 이유로 필름을 빼앗기고 강제 추방되기도 했습니다. 그의 시신을 볼 때는 카메라나 가방을 들어서도 안 되고 차렷 자세를 취해야 예의에 어긋나지 않거든요.

호치민은 외모로 보면 작은 키에 깡마른 몸매를 지닌 허약한 사람입니다. 하지만 정신력과 지도력은 실로 대단합니다. 외국의 지배에 맞서 끈질기게 저항하여 끝내 이겼으니까요.

　호치민은 가난한 지방 관리의 아들로 태어났습니다. 그런 까닭에 나라 잃은 서러움을 어려서부터 많이 느꼈고 자연스레 나라를 구하겠다고 결심했습니다.
"그러려면 무엇보다 세계 정세를 살펴야 해."
　그는 대도시로 가서 이름을 바꾸고 프랑스 상선에서 부엌일을 하며 기회를 살폈습니다. 얼마 후 배를 타고 프랑스로 건너간 호치민은 이어 독일, 영국, 미국 등을 방문하여 선진국의 문화를 체험했습니다. 그는 프랑스에서 요리사의 조수로 일하는가 하면 미국에서 접시닦이로 지내는 등 밑바닥 생활을 했으나 목표가 있었기에 참고 견뎠습니다. 아니 더 나아가 외국 언어와 선진국의 인권사상을 배우며 지식을 키웠습니다. 그의 뛰어난 영어와 프랑스어 실력은 이때 다져졌습니다.
　호치민은 평생 책을 읽으며 지식과 이해력을 넓혔습니다. 그는 이렇게 말했습니다.

"어떤 과정보다도 독서가 내 영혼을 알차게 만들었습니다."

그는 1919년 베르사유 회의에 참석하여 베트남 사람의 자유·민주·평등권을 요구하면서 본격적으로 애국활동에 들어갔습니다. 이어 프랑스 공산당에 가입했고, 중국으로 가서 '베트남 청년 혁명 동지회'를 창립했습니다. 그는 돈도, 무기도 없었으므로 게릴라 투쟁을 시작했습니다. 수시로 바꾸던 이름도 '호치민'으로 고쳤습니다.

호치민은 프랑스 식민지 시절엔 전쟁을 통해 독립을 얻어 냈고, 미국과의 참혹한 베트남 전쟁에서는 투철한 지도력을 발휘했습니다. 미국은 이 전쟁에서 제2차 세계대전 동안 사용한 폭탄의 두 배 이상을 썼지만 결국 물러났습니다. 호치민은 조국의 해방과 통일을 보지 못하고 1969년 9월 심장병으로 사망했습니다. 베트남 인은 모든 화폐에 호치민의 얼굴을 새겨 넣으며 그를 기리고 있습니다.

36일째 람캄행(태국), 타이 문자를 만들고, 국토를 넓힌 위대한 왕

"매우 조심해서 옮겨라."

서기 13세기경 현재의 중국 남쪽 지역에 살던 타이족은 캄보디아 북부 앙코르 왕국에 성스러운 물을 바치곤 했습니다. 그런데 물을 담은 항아리가 자꾸 깨지자, 타이족은 지혜를 발휘해 대나무로 물 단지를 만들었습니다. 그걸 본 앙코르 왕국은 타이족을 멸망시키려 했습니다.

"무척 똑똑하군. 이들을 그대로 두어서는 안 되겠어. 언제 태도를 바꿔 쳐들어올지 모르니까."

앙코르 왕국은 군대를 보내 타이족을 공격했습니다. 하지만 타이족은 그들을 물리쳤고 오히려 앙코르 왕국 북서쪽 도시를 차지하며 새로운 왕국을 건설했습니다. '행복한 새벽'이란 뜻의 수코타이(Sukhothai)가 그것입니다.

태국 최초의 독립 국가인 수코타이 왕조는 3대 왕 람캄행(Ramkhanhaeng, 1239~1298년) 때 전성기를 누렸습니다. 람캄행은 크메르 문자를 참조하여

1283년 타이 문자를 만들었고, 오늘날 타이 문화의 바탕을 이루는 업적을 남겼습니다. 뿐만 아니라 람캄행은 왕국의 영토를 열 배나 넓혔으며 스리랑카로부터 불교를 받아들여 사람들에게 마음의 평화를 일깨워 주었습니다.

또한 태국 음력 12월 보름날 저녁에는 궁녀와 함께 강가로 나가서 바나나잎으로 만든 작은 배에 촛불과 꽃을 실어 강물에 띄웠습니다. 자신의 죄를 씻는 동시에 생명의 원천인 물에게 고마운 마음을 나타내고자 그리 한 것입니다. 이 일은 곧 풍습이 되어 지금까지 태국 최대의 축제로 이어지고 있습니다. '러이 끄라통' 축제의 '러이'는 띄움, '끄라통'은 '배 혹은 꽃바구니'를 뜻하는데, 요즘도 태국 음력 12월 보름이 되면 사람들이 강물이나 운하에 촛불, 꽃, 동전 등을 실은 작은 배를 띄우며 소원을 빕니다. 그 배가 멀리 갈수록 소원이 이뤄질 확률이 높아진다고 믿으면서 말입니다.

태국의 수도 방콕에 있는 국립 종합대학교 이름이 람캄행일 정도로, 람캄행은 태국 최고의 위인으로 여겨집니다.

37일째 항 투아(말레이시아), 의리 있고 용맹한 충성스러운 장군

15세기의 어느 날, 마자피힛 왕국의 아디파티 왕은 동생 구스티 공주에게 말했습니다.

"네가 말라카 왕국의 술탄(통치자)과 결혼해야 우리 왕국이 무사하단다."

"싫어요. 제가 사랑하는 사람이 따로 있거든요."

구스티 공주의 연인은 항 투아였습니다. 하지만 항 투아는 술탄의 명령에 따라 구스티 공주가 머무는 레당산으로 와서 청혼을 대신 전했습니다. 자기의 사랑이 아니라 통치자의 사랑을 말이죠. 이에 공주는 크게 실망하여 술탄의 청혼을 받아들였습니다. 그러나 뒤늦게 두 사람의 비밀스러운 사랑을 눈치 챈 술탄이 크게 분노하여 구스티 공주를 영원히 레당산에 가뒀습니다. 이후 항 투아는 구스티 공주를 한 번만이라도 보고자 했으나 끝내 뜻을 이루지 못했습니다.

위 이야기는 말레이시아에 전해 오는 유명한 전설입니다. 단지 사랑이 아름다워서가 아니라 항 투아(Hang tuah)가 워낙 충성스럽고 뛰어난 장군이었기 때문이지요.

항 투아는 15세기 말라카 왕국에서 많은 공을 세운 해군 제독입니다. 당시 말라카 왕국은 중국과 협조적이면서도 대립하며 지냈는데 이때 항 투아가 크게 활약했습니다. 항 투아는 해군 제독으로서 중국을 비롯한 주변 국가의 해상 공격이나 상선 약탈을 잘 막았고, 국왕에게 강한 충성심을 보였습니다. 여성에게는 기사도 정신을 발휘했고, 싸움에서는 용맹한 자세가 대단했습니다. 그의 이런 모습들이 워낙 인상적이었기에 '레당산의 공주' 라는 전설도 생긴 것입니다.

"나라에 충성하고, 전통을 잘 지키며, 싸울 땐 용감하되 사랑엔 순수한 남자."

어린 나이에 자기 자신을 다스리는 법을 깨우쳤고, 네 명의 특별한 친구이자 동지와 의리를 지켰다는 등등 그에 관한 설화는 수없이 많습니다. 말레이시아 영웅 항 투아에 관한 여러 이야기를 다룬 고전문학《히카야타 항 투아》는 매우 중요한 자료로 여겨지고 있고요. 그러하기에 오늘날 말레이시아에서는 기차역이나 거리 또는 큰 쇼핑몰 등에 그의 이름을 붙이고 있답니다.

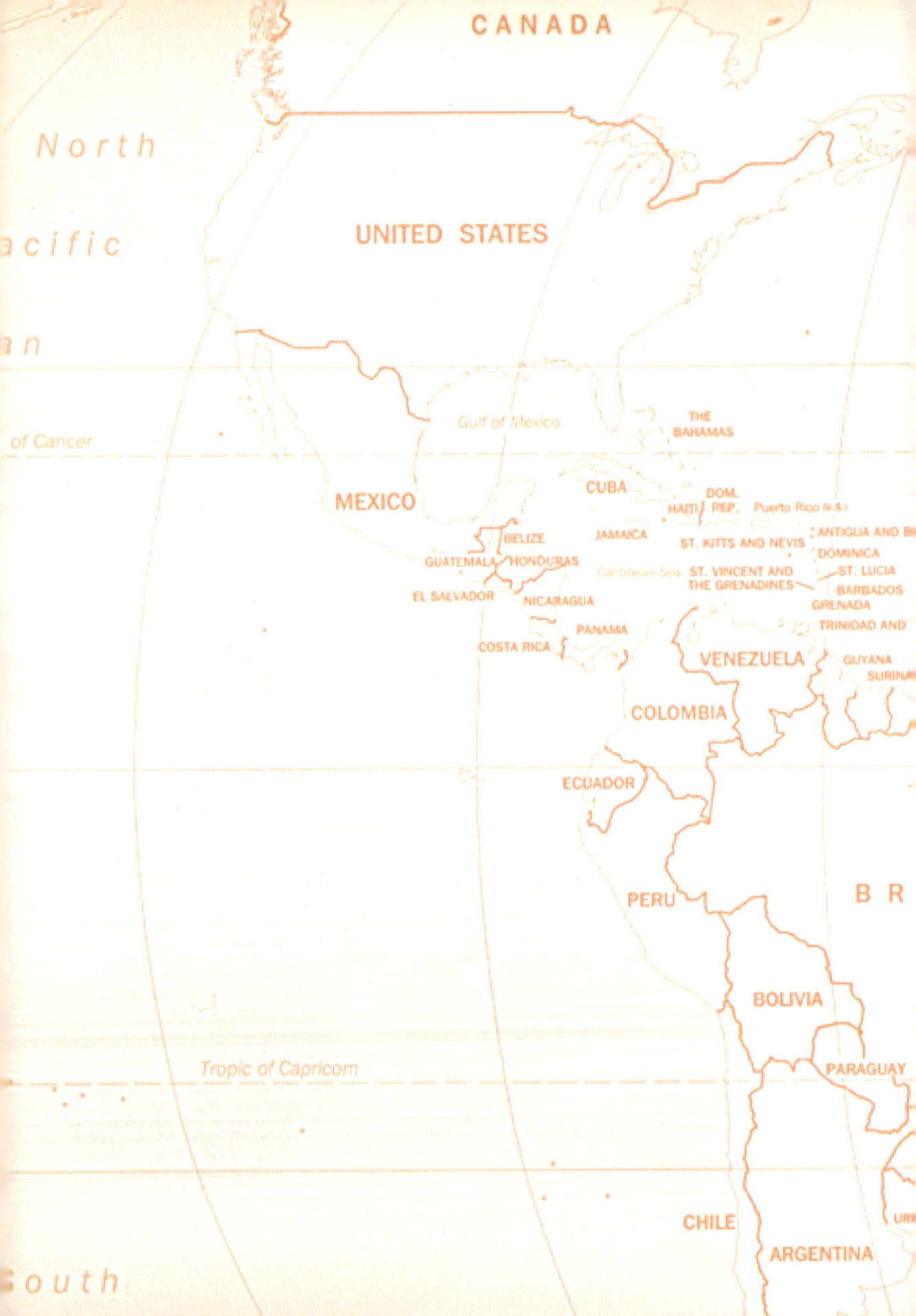

38·39일째 테리 폭스(캐나다), 외발 달리기로 세상을 감동시킨 의인

"암이 더 퍼지지 않게 하려면 다리를 잘라 내야 합니다."

1977년 3월, 당시 19세 청년 테리 폭스(Terry Fox, 1958~1981년)는 의사로부터 충격적인 통보를 받았습니다. 오른쪽 다리에 악성 종양이 있으므로 무릎 위까지 절단해야 한다는 것이었죠.

"이젠 농구도, 달리기도 할 수 없게 됐네. 왜 하필 내가……."

프레이저 대학 신체운동학과에 입학할 정도로 운동을 유난히 좋아하던 테리는 한동안 깊은 절망에 빠졌습니다. 게다가 항암제 주사를 맞느라 머리카락까지 모두 빠져나갔습니다. 그러나 테리는 이내 마음을 고쳐먹었습니다. 자기 처지를 슬퍼하고 우울하게 지내는 대신 암 퇴치 연구 기금 마련을 위해 캐나다 땅을 횡단하기로 결심한 것입니다.

'나만 힘든 게 아니야. 병실에서 암으로 괴로워하는 어린이들도 많아. 또 다른 병원에서도 수많은 사람들이 암으로 죽어 가고 있잖아. 그래, 캐나다 땅을 달려서 그들에게 희망을 안겨 주자. 한 사람이 1달러씩만 내도 그게 모여 큰돈이 될 거야.'

테리는 자기 명예나 경제적 이익을 바라지 않고 온전히 암으로 고통 받는 사람들을 위해 외발 달리기를 생각한 것입니다. 정상인도 날마다 달리기는 힘듭니다. 그렇지만 테리는 절단한 다리에 의족을 단 채 1980년 4월 12일 캐나다 동쪽

바닷가에서 '희망의 마라톤(Marathon of Hope)'을 시작했고 날마다 대략 42km씩 뛰었습니다.

"저기 희망의 마라톤이라는 티셔츠를 입고 달리는 청년이 있네. 무슨 일이지?"

사람들은 그의 달리기에 관심을 보였습니다. 자세히 보니 그가 한 걸음 뛸 때마다 엄청난 아픔과 괴로움이 느껴졌습니다. 그도 그럴 것이 의족을 한 번씩 굽히고 펼 때마다 잔뜩 일그러진 채 꼭 다문 입 사이로 신음이 터져나올 듯했으니까요.

"정말 대단해. 어디서 저런 용기와 힘이 나올까?"

그를 지켜본 사람들은 감탄하며 격려해 줬습니다. 그의 손에 100달러 지폐를 쥐어 주는 사람도 있었지요. 그런데 테리는 달리기를 중단해야 했습니다. 어느 정도 나은 줄 알았던 암이 폐로 옮은 까닭입니다. 캐나다 서부 밴쿠버까지 달리려던 계획은 결국 143일 만에 온타리오 선더베이에서 멈췄습니다. 안타깝게도 테리는 1981년 6월 28일, 23세 나이로 세상을 떠났고요.

테리가 세상과 이별한 날, 캐나다의 모든 공공건물은 조기(弔旗)를 달았습니

다. 그리고 캐나다 수상 트뤼도는 국회에서 다음과 같은 연설로 테리의 위대함을 표현했습니다.

"용기 있는 영혼의 죽음을 애도하는 모든 사람들을 하나로 묶은 건 우리나라 역사에서 지극히 드문 일입니다. 조국이 그에게 줄 수 있는 것보다 훨씬 많은 걸, 그는 조국에 주었습니다."

결과적으로 테리의 육체는 죽었으나 그의 정신은 죽지 않았습니다. 테리의 목표였던 100만 달러보다 훨씬 많은 2,417만 달러가 모금됐고, 테리 폭스 재단이 만들어져 암환자 치료에 나섰으니까요. 지금도 해마다 57개국에서 테리 폭스 달리기 대회(Terry Fox Run)를 개최하며 암치료 기금을 모으고 있습니다.

테리 폭스는 훌륭한 정치 지도자도, 돈을 많이 번 기업인도, 세계 대회에서 우승한 스포츠 영웅도 아닙니다. 하지만 그는 다른 사람을 위한 이로운 행동에 용기 있게 나서 누구라도 세상을 바꿀 수 있음을 보여 줬습니다. 그러하기에 캐나다 정부는 주청사 앞에 테리의 동상을 세우고, 2005년에는 기념주화를 발행하여 그를 추모했습니다. 2004년 캐나다 방송이 조사한 '국민이 뽑은 위대한 영웅 10인'에 테리 폭스가 당당히 선정된 건 그에 대한 존경심이 여전함을 보여 줍니다. 그는 이렇게 말했습니다.

"노력하기만 하면 무엇이든 가능하다는 걸 사람들이 알았으면 해요. 꿈은 노력으로 이루어집니다."

40·41일째 에이브러햄 링컨(미국), 유머 감각과 지도력이 뛰어난 인권 대통령

에이브러햄 링컨(Abraham Lincoln, 1809~1865년)은 못생긴 외모 때문에 사람들의 놀림을 받은 적이 많았습니다. 한 번은 이런 일도 있었습니다. 어느 날 링컨이 몇몇 사람들과 함께 역마차를 타고 가는 길이었는데, 역마차 안에는 몹시 흉하게 생긴 사나이도 있었습니다. 그런데 그 사나이가 링컨을 물끄러미 바라보더니 자기 주머니에서 작은 주머니칼을 건네주며 이렇게 말했습니다.

"오래 전에 어떤 못생긴 사람이 이걸 나에게 주면서 나보다 더 못생긴 사람을

보거든 이 칼을 전해 주라고 하던데 오늘 임자를 만났기에 드립니다."

뜻밖의 말을 들은 링컨은 아무 말 없이 빙그레 웃으며 그 칼을 받았습니다. 그리고는 훗날 미국 대통령이 된 후에도 그 칼을 간직했다고 합니다.

링컨은 유머 감각이 뛰어난 사람인지라 그 칼을 이용하여 상대를 놀린 적도 있습니다. 그 사람은 변호사 시절 자주 어울렸던 동료 변호사 앤디였습니다. 링컨은 앤디를 보자마자 느닷없이 장총을 들이대고 이렇게 말했습니다.

"자네는 이제 그만 죽어 주어야겠네."

"아니, 이게 무슨 소린가. 왜 아무 잘못 없는 내가 자네 총에 죽어야 하지?"

"자네는 나보다 못생겼기 때문이네."

링컨은 자기가 갖고 있는 주머니칼에 얽힌 이야기를 설명했고, 덧붙여서 이렇게 말했습니다.

"칼을 넘겨주어 평생을 괴롭게 만드느니 차라리 없애 버리는 게 옳지 않겠는가?"

"그렇다면 마음대로 쏘게나. 자네보다 못생겼다면 그런 얼굴을 들고 살 이유가 없으니……."

잠깐 침묵이 있은 뒤, 두 사람은 폭소를 터뜨렸습니다. 링컨은 자기 얼굴이 못생겼다는 사실을 불평하지 않고 '그래, 나는 못생겼다' 인정하며 살았기에 이처럼 유쾌한 일화를 낳은 것입니다.

링컨은 남북 전쟁에서 승리해 미국의 분열을 막고 노예를 해방시킨 미국의 제16대 대통령입니다. 링컨은 수많은 실패와 좌절을 견뎌 내고 마침내 대통령 자리에 올라선 인물로 유명합니다. 그는 부지런하고 정직한 생활, 인간에 대한 따뜻한 애정, 설득력 있는 화술, 공격적인 상대를 간단히 제압하는 재치 있는 유머로 역사에 길이 남는 위인이 되었고요.

어떤 역사학자는 링컨을 가리켜 '언어의 마술사'라고 하는데, 그런 말솜씨는 젊은 날의 독서에 힘입은 바 큽니다. 또한 링컨은 친절한 마음씨로 사람들을 사로잡았으며 세상살이에도 도움을 받았습니다.

한 예를 들면, 링컨은 청년 시절 마을 상점 점원으로 일할 때 손님들에게 무척 친절하게 대하며 틈틈이 책을 읽었습니다. 링컨의 친절한 성격에 반한 사람들 중에는 그에게 산수와 문법을 가르쳐 준 사람도 있고 셰익스피어와 로버트 번즈의 성공 비결을 소개해 주는 사람도 있었습니다.

"이번 주의회 선거에 출마하세요. 내가 당신을 찍어 줄게요."

링컨은 많은 사람의 권유에 힘입어 주의회 선거에 나섰으나 떨어졌습니다. 그래도 실망하지 않고 많은 어려움을 헤쳐 나가 끝내 뜻을 이뤘습니다.

링컨은 1863년 게티즈버그 연설에서 "국민의, 국민에 의한, 국민을 위한 정부"라는 미국 민주주의의 이상을 제시함으로써 미국 역사상 가장 훌륭한 대통령으로 평가받고 있습니다. 말뿐만 아니라 지도력도 뛰어났거든요.

미국 대통령이 탄생한 지 200주년이던 1989년 역사학자 719명이 지도력, 업적 및 위기관리 능력, 정치력, 인사, 성격과 도덕성 등 다섯 가지 사항을 종합 분석한 결과 링컨은 역대 미국 대통령 중에서 당당히 1위로 평가받았습니다. 미국의 5달러 지폐와 1센트 동전에 새겨진 그의 얼굴은 그런 존경심의 표현인 셈입니다.

42・43일째 토머스 제퍼슨(미국), 모든 인간은 평등하다는 걸 일깨워 준 지도자

어느 겨울날, 한 노인이 버지니아 주 북부에 있는 강가에서 강을 건너려고 했습니다. 날씨는 춥고 다리도 없었으므로 노인은 무엇이든 타고 건너야만 했습니다. 오랜 시간 기다리고 있노라니 여러 사람들이 말을 타고 와서 강을 건넜습니다.

첫 번째 사람이 말을 타고 강을 건너갔습니다. 그리고 뒤이어 두 번째, 세 번째, 네 번째, 다섯 번째 사람도 강을 건넜습니다. 드디어 여섯 번째 말을 탄 사람만이 남았지요. 그때까지 가만히 지켜보고 있던 노인은 그에게 다가가 눈을 들여다보며 말했습니다.

"여보시오, 나를 건너편까지 좀 태워 줄 수 있겠소?"

"물론입니다. 어서 제 뒤에 올라타시지요."

강을 건넌 뒤 노인이 말에서 내렸고, 그 노인이 떠나려 할 때 말을 탄 사람이 물었습니다.

"왜 다른 사람들이 지나갈 때는 가만히 서 계시다가 저한테 부탁하셨습니까?"

노인은 즉시 대답했습니다.

"그들의 눈을 보니 그들에겐 사랑이 없음을 알았소. 그래서 부탁해도 소용없으리라는 걸 알았소. 그러나 당신의 눈을 보고 나는 느꼈소. 당신이 다른 사람에게 사랑과 동정심, 그리고 자발적으로 도움을 줄 만한 사람이라는 걸. 당신이라면 나를 기꺼이 건네 주리라는 걸 난 믿었다오."

 이 말을 들은 그는 겸손히 말했습니다.

 "고맙습니다. 그 말씀의 뜻을 깊이 새기겠습니다."

 여섯 번째 말 탄 사나이의 이름은 토머스 제퍼슨(Thomas Jefferson, 1743~1826년)입니다. 전하는 바에 따르면 제퍼슨의 눈빛은 매우 진지하고 솔직했다고 합니다. 흔히 '눈은 마음의 창'이라고 하는데 제퍼슨은 어렸을 때부터 올바른 평화를 추구한 모범생이었기에 그런 눈을 갖게 된 모양입니다.

　토머스 제퍼슨은 미국 화폐 2달러의 모델이자, 러시모어의 바위산에 얼굴이 조각된 네 명의 위대한 대통령 중 한 명입니다. 많은 사람들로부터 '미국 건국의 아버지'로 존경받고 있는 위인이고요.

　제퍼슨은 미국이 영국과의 독립 전쟁을 치를 때 버지니아 주 대표로 활약하면서 "뭉치면 살고 흩어지면 죽는다"는 유명한 말을 강조했습니다. 덕분에 미국인의 마음이 하나로 묶였습니다. 제퍼슨은 수많은 정보 중에서 청중이 다소 이해하기 어려운 내용을 연설할 때엔 보다 활기차고 알기 쉽게 말하여 듣는 이의 마음을 움직이는 재주가 뛰어났습니다.

"제퍼슨의 말을 들으니 불끈 힘이 솟네."

제퍼슨은 인간관계가 원만했으나 신념은 강철처럼 단단했습니다. 그리하여 자신이 옳다고 생각하는 민주주의 이념을 퍼뜨리기 위해 최선을 다했습니다. 예컨대 제퍼슨은 1776년 독립선언문을 작성했을 때 '모든 인간은 평등하게 태어났다', '생명과 자유와 행복의 추구'라는 문구를 넣음으로써 미국이 자유인권국가임을 천하에 알렸습니다.

제퍼슨은 자기 이념만 옳다고 주장하지 않았습니다. 상대방 의견도 어느 정도 인정해 주면서 함께 사는 길을 걸어갔습니다. 다시 말해 생각이 다르다고 멀리하는 게 아니라 발전을 위해 함께 토론하고 대화하는 합리적 민주주의 정신을 추구했습니다. 제퍼슨은 정책에 있어서도 기존 대통령들의 일을 상당 부분 그대로 추진함으로써 반대파 불만을 누그러뜨렸습니다.

그러면서도 프랑스로부터 미시시피 강 서쪽에 있는 루이지애나를 1500만 달러에 구입하여 미국 영토를 두 배로 확장하는가 하면, 달러를 단위로 하는 통화제도를 제안하여 국가의 경제적 안정을 꾀했습니다. 미국의 제42대 대통령 빌 클린턴은 그에 대해 이렇게 평가했습니다.

"우리는 모두 평등하게 태어났다는 신조를 영원히 심어 준 제퍼슨."

44·45일째 조지 워싱턴(미국), 신앙심 깊은 방탄조끼 총사령관

"누구냐? 누가 이런 못된 짓을 했어?"

워싱턴 아버지는 뜰에 정성스럽게 심어 놓은 벚나무가 크게 상해 있자 화가 나서 소리쳤습니다. 어린 워싱턴은 그런 아버지 모습을 보고 무서움을 느꼈으나 용기를 내어 말했습니다.

"아버지, 제가 그랬습니다."

"네가? 왜 이런 짓을 했어?"

"새 도끼의 성능을 시험해 보려고요."

아들로부터 뜻밖의 말을 들은 아버지는 이내 마음을 가라앉히고 말했습니다.

"그랬구나. 너의 정직성을 잃는 것보다 벚나무 백 그루를 잃는 편이 낫단다. 정직하게 말해 줘서 고맙구나."

조지 워싱턴의 심성에 관한 대표적 일화입니다. 조지 워싱턴이 크게 혼날 걸 각오하고 자기가 잘못을 저질렀다고 고백하자, 아버지가 정직한 자세를 높이 평가하여 용서해 주었다는 내용이지요.

그런데 유명한 이 일화는 사실이 아닙니다. 조지 워싱턴의 일생에 대해 글을 쓴 전기 작가 파슨 윔즈가 워싱턴의 정직함을 강조하고자 지어낸 이야기거든요. '정직'이 가장 소중한 가치라는 걸 교훈으로 남기려 없는 사건을 꾸며냈으니 조금 황당하지요?

하지만 조지 워싱턴은 그런 가짜 일화조차 인정될 정도로 대단히 훌륭한 사람입니다. 무엇보다 그는 미국의 민주주의 체제를 확고히 다졌습니다. 1789년 초대 미국 대통령에 취임하여 나라를 안정시켰고 한 번 더 대통령을 지낸 뒤 1796년 3선 대통령으로 선출됐지만 스스로 물러났습니다. 이때 조지 워싱턴은 자신을 국왕으로 추대하고 군주제로 돌아가려는 움직임도 반대했습니다. 공화제(共和制)만이 인간의 평등한 권리를 보장한다고 굳게 믿었기 때문이지요. 덕분에 미국은 자유민주주의국가의 본보기처럼 자리 잡게 되었답니다.

조지 워싱턴(George Washington, 1732~1799년)은 버지니아 주에서 부유한 지주의 아들로 태어나 경제적으로 여유롭게 살았습니다. 어른이 된 뒤에는 당시 미국을 지배하던 영국과 갈등이 불거지자 열성적으로 독립 전쟁에 나섰습니다. 그는 군사적 지도력을 인정받아 독립혁명군 총사령관에 임명되었습니다.

조지 워싱턴은 사람들의 마

음을 움직이는 능력이 탁월했습니다. 그는 규율이 엉망이고 장비도 부족한 농민병을 훈련시키면서 잘 훈련받은 영국 군대와 맞싸웠습니다. 그래도 정면으로 마주친 전투에서 여러 차례 패배하자 수시 기습공격으로 전술을 바꿔 효과를 보았습니다.

그는 솔선수범하는 자세로 군대를 이끌었습니다. 그리하여 전투 중에 적군의 총알을 맞은 적도 많았습니다. 다행히 그 총알들이 매번 옷에 구멍을 내고 지나갔을 뿐 몸에 큰 상처를 입히지는 않았습니다. 그런 연유로 '방탄조끼 워싱턴'이라는 별명도 얻었습니다.

미국인들이 조지 워싱턴을 일러 '미국 건국의 아버지' 또는 '미국 역사를 가장 빛낸 인물'이라고 말하는 이유가 여기 있습니다. 죽음을 무릅쓰고 앞장서서 싸워 마침내 승리를 이끌어 냈고, 미국이 민주주의 공화국이 되도록 기초를 튼튼히 다졌으니까요.

조지 워싱턴은 1789년 4월 30일, 대통령 취임식에서 성경을 처음 사용했습니다. 그는 독립 전쟁 때 비밀 결사 조직에서 사용하던 성경을 가져와 그 위에 손을 얹은 채 즉석에서 선서문에 "신이여 도와주소서"라는 말을 덧붙였습니다. 사실 미국 헌법 어디에도 '취임선서 때 성경을 사용하라'는 대목은 없습니다. 그렇지만 이후 관행처럼 미국의 모든 대통령은 취임식 때 성경을 사용합니다.

오늘날 미국에는 그의 이름을 딴 건물·대학·거리·매체 등이 많으며, 그의 얼굴은 1달러 지폐와 50센트 동전에 새겨져 있답니다.

지도 없이 떠나는 101일간의 세계 인물 여행 103

46·47일째 월트 디즈니(미국), 현실에 없는 행복을 만화영화로 만든 사람

가난한 목수 아들로 태어난 디즈니는 집안 형편 때문에 초등학교 시절 공부에만 몰두할 수 없었습니다. 학교에서 돌아오면 농장에서 일하고, 기차역에서 신문을 파는가 하면 우편배달부로 일하며 돈을 벌어야 했거든요.

"하루하루가 너무 힘들다. 나도 다른 애들처럼 집에서 공부만 하고 싶다."

디즈니는 불만이 생길 때마다 낙서와 그림으로 마음을 달랬습니다. 벽이든 땅바닥이든 가리지 않고 이런저런 그림을 그리고 낙서를 하면서 답답한 기분을 푼 것입니다. 어떤 때는 남의 집 담벼락에 낙서하다가 주인에게 혼나기도 했습니다.

디즈니는 색칠을 특히 좋아했습니다. 8세 때, 자기 집 하얀 벽에 검정 페인트를 칠한 걸 계기로 색칠에 흥미를 느꼈거든요. 이후 그는 담벼락에 색칠하는 일

이라면 기꺼이 나서서 맡아 했습니다. 예컨대 10세 때 근처 이발소를 위해 일주일 동안 칠을 해 주었으며, 이발소 주인은 그 대가로 그의 머리를 깎아 주었습니다.

  담벼락 색칠은 디즈니에게 매우 색다른 일이었습니다. 왜냐하면 담벼락을 하얗게 칠하노라면 마치 세상이 평화롭게 바뀌는 것 같고, 파랗게 칠하면 하늘에 두둥실 떠 있는 느낌이 드는 등 완전히 다른 세상에 들어선 듯한 느낌이 든 까닭입니다. 이는 디즈니에게 남다른 체험이었고, 이 일로 그는 상상력 풍부한 만화가를 꿈꾸게 되었습니다.

디즈니는 '세상의 변화'를 가능하게 만드는 힘이 색깔에 있음을 어린 나이에 어렴풋이 깨우친 것입니다. 그는 이러한 체험을 바탕으로 하여 1937년 세계에서 처음으로 컬러 장편만화 영화 〈백설공주와 일곱 난쟁이〉를 탄생시켰습니다. 흑백을 당연하게 여기던 시절, 만화영화에 다양한 색을 입히니 사람들이 감탄을 했습니다. 마치 흑백으로 꿈을 꾸다 컬러로 꿈을 꾼 것처럼 놀라웠거든요.

월트 디즈니(Walt Disney, 1901~1966년)는 만화영화의 선구자로서 미키마우스와 도널드덕 같은 만화 주인공들을 창조해 냈으며, 대규모 놀이동산인 디즈니랜드를 계획하고 건설한 사람입니다.

디즈니랜드는 미국 로스앤젤레스 남동쪽 애너하임에 있습니다. 디즈니랜드는 1955년 7월 완공됐는데, 애초에 디즈니는 한번 구경하고 가는 전시장이 아니라 한 가족이 낙원처럼 긴 휴가를 보내는 유원지를 추구했습니다. 그래서 디즈니 만화영화에 나오는 실물 크기 인형을 전시하는 데 그치지 않고 관광객이 참여할 수 있게끔 환상적 분위기를 꾸미는 데 많은 공을 들였습니다.

캐릭터 인형들이 방문객과 기념 촬영을 하고, 퍼레이드로 축제 분위기를 내며, 갖가지 놀이시설을 설치하여 즐겁게 놀도록 한 건 그래서입니다.

"신난다. 너무 재미있어!"

그런데 사업 초기 이런 디즈니의 예견과 투자에 어떤 호텔업자도 나서지 않았습니다. 힐튼, 쉐라톤, 홀리데이 인 같은 유명한 호텔업자는 디즈니랜드 옆에 호텔을 세워 이익이 생길 거라고는 생각지 않았거든요. 결국 디즈니 친구인 젝 라저가 디즈니랜드 근처에 작은 모텔을 세웠습니다.

하지만 결과는 월트 디즈니의 예측대로 나타났습니다. 디즈니랜드가 문을 열자마자 수백만 명이 자동차를 타고 달려왔습니다. 라저의 모텔은 이내 네 개의 고층 호텔로 변했고 인공 해변도 설치됐습니다. 이로부터 디즈니랜드에서 가족이 함께 즐기는 새로운 문화가 생겼습니다.

디즈니는 여러 면에서 색다른 성공인입니다. 사람들이 싫어하는 쥐를 귀여운 캐릭터로 만들어 인기를 끌었고, 소리 없는 흑백 영화 시절 다양한 색채의 컬러 만화영화에 소리를 곁들여 폭발적 반응을 얻었으며, 꿈같은 놀이동산으로 행복한 낙원을 보여 주는 데 성공했으니까요. 그런 점에서 디즈니는 환상을 체험 가능하게 만든 기업가인 셈입니다.

48 · 49글째 벤저민 프랭클린(미국), 능력 있는 보통 사람의 시대를 연 만능 미국인

벤저민이 어려서 형이 운영하는 인쇄소 및 출판사에서 일했을 때의 일입니다. 벤저민은 뛰어난 문장을 쓰고 싶어 여러 방법으로 능력을 이끌어 내려 했습니다. 가장 먼저 마음에 드는 잡지 한 권의 내용 가운데 한 부분을 기억했다가 나중에 떠오르는 대로 쓴 다음 원본과 비교해 보는 훈련을 했습니다. 마치 뛰어난 그림을 따라 그리듯이 한 것입니다. 하지만 아는 단어가 부족한 탓에 효과를 보지 못했습니다.

'어떻게 하면 글을 잘 쓸 수 있을까?'

벤저민은 며칠을 고민한 끝에 시(詩)를 떠올렸습니다. 시를 지을 때면 의미는 같아도 운(韻)을 맞추기 위해서 길이와 소리가 다른 말을 사용해야 하므로 말의 변화를 언제나 찾게 됩니다. 따라서 시를 많이 짓게 되면 단어를 골라내는 능력이 향상되지요. 벤저민은 바로 그 점을 생각한 것입니다.

그날 이후 벤저민은 잡지에 있는 이야기를 몇 개 골라 시처럼 운문으로 고치고, 본래 문장을 거의 잊었을 때쯤 운문을 다시 원문으로 고치곤 하였습니다. 수필을 시로 바꾼 다음, 어느 정도 시간이 지난 뒤에 시를 다시 수필로 바꾸는 기발한 방법은 확실히 효과가 있었습니다. 글 쓰는 실력이 크게 발전했거든요. 때로는 사소한 점이기는 하나 원문 표현보다 낫다고 여겨지는 것도 있었습니다. 또한 이런 글쓰기는 벤저민에게 생각을 정리하는 방법을 가르쳐 주었습니다. 벤저민은 여기에 힘을 얻어서 뛰어난 작가가 되리라고 결심했습니다.

벤저민 프랭클린(Benjamin Franklin, 1706~1790년)은 훗날 《가난한 리처드의 달력》이라는 책을 내어 큰 인기를 끌었습니다. 또 요즘 어른들이 많이 쓰는 이른바 비즈니스 다이어리를 창안하여 계획적인 생활을 도와주었습니다. 현재도 '프랭클린 다이어리'는 꾸준히 팔리고 있습니다.

벤저민의 탁월한 문장 실력은 미국 건국 과정에서 유감없이 드러났습니다. 프랑스와의 동맹조약문, 영국과의 평화협정서, 미국독립선언서, 연방헌법 등 주요한 네 가지 문서에 그가 관여했으니까요. 벤저민은 네 문서에 모두 서명한 유일한 사람이기도 합니다.

"어디 잘못된 문장이 있는지 벤저민에게 봐 달라고 해."

그러나 벤저민은 작가보다 피뢰침을 발명한 과학자이자 공공이익을 위해 도서관·소방대·병원 창설에 앞장선 인물로 유명합니다. 그는 실용적인 발명이 생활을 편리하게 해 주고, 여러 사람이 협력하며 사는 세상이 바람직하다고 생각했기에 그런 삶을 산 것입니다. 그는 웃음이 인간관계를 부드럽게 해 준다고 믿었기에 재치 있는 유머를 종종 사용했고, 신분이 아니라 능력으로 평가받는 사회를 추구했습니다.

이런 연유로 벤저민은 '최초의 전형적 미국인', '미국 중산층의 귀감', '자기 계발의 선구자'라는 평가를 받고 있습니다. 쓸모 있는 물건이나 기술을 좋아하고, 자기 능력을 키워 성공하려는 오늘날 미국인의 특징이 그에게서 시작된 까닭입니다.

뿐만 아니라 조정 능력이 뛰어난 정치가로서 모범적인 의회 정치를 보여 주었습니다. 그는 의견이 다른 상대를 몰아붙이지 않고 성의껏 말을 들어 주면서 서로의 의견을 보완하는 협상 기술을 발휘했습니다. 그에 대해 벤저민은 훗날 다음과 같이 밝혔습니다.

"나는 상대방 말을 절대 반대하거나 내 의견을 단정적으로 주장하지 않았다. 의견이 다를 경우에는 '경우에 따라서는 그 의견이 옳겠지만 현재는 아무래도 아닌 것 같다'고 말했다. 이게 습관화되면서 나에게서 단정적 말을 들은 사람은 아무도 없다. 내 의견이 높은 평가를 받게 된 것은 이런 습관 때문이다."

미국인은 그를 존경하는 마음을 담아 100달러 지폐에 그의 얼굴을 새겨 넣었습니다.

50·51일째 찰리 채플린(미국), 웃음 속에 묘한 슬픔을 담은 코미디언

"하나님, 우리 가족이 하루 세 끼 어김없이 밥을 먹게 해 주시고, 엄마가 늘 미소를 짓게 해 주세요."

영국 떠돌이 극단의 가난한 배우 아버지와 가수 어머니 사이에서 태어난 찰리 채플린(Charlie Chaplin, 1889~1977년)은 어려서 고생을 많이 했습니다. 아버지가 일찍 세상을 떠났고 어머니는 몸이 아파 눕는 날이 많았던 탓에 늘 가난과 싸워야 했기 때문이지요.

찰리는 집에 있는 게 싫어서 늘 거리를 떠돌아다니며 말썽을 피웠으나 집안에서만은 한없이 착한 아들 노릇을 했습니다. 아버지가 돌아가신 뒤 외로움과 가난에 지쳐서 웃음을 잃어버린 어머니가 너무 슬퍼 보였거든요.

하나님에게 빈 소원이 이뤄지지 않자 찰리는 마냥 기도에만 매달리지 않았습

니다. 자기가 직접 어머니를 웃기기로 마음먹었습니다. 찰리는 어머니 앞에서 동네 사람들 모습을 우스꽝스럽게 흉내 내어 연기를 했습니다.

"어머니! 오늘은 말이에요. 저 길모퉁이에 있는 할아버지를 흉내 낼게요."

찰리는 지나치게 큰 구두를 신고 콧물을 닦는 할아버지 모습을 그대로 따라했습니다. 그럴 때면 어머니는 잠시나마 슬픔을 잊은 채 즐겁게 웃었습니다. 그렇다고 찰리가 항상 어머니를 웃긴 것은 아닙니다. 어머니에게 반응이 전혀 없을 때는 맥이 쭉 빠졌습니다.

'왜 오늘은 엄마가 웃지 않으셨을까?'

찰리는 어떻게든 어머니를 웃기려고 갖가지 동작을 연구했습니다. 의젓한 얼굴로 괴상한 춤을 추기도 했으며 짐승들 울음이나 물건 형태를 흉내 내기도 했습니다. 이러한 일들은 그날그날 어머니에게 유익했고 훗날 찰리에게도 큰 재산이 되었습니다. 찰리가 영화배우로 활약할 때 관객을 웃기는 재주의 바탕이 됐으니까요. 효도가 웃기는 재능을 계발하고 키운 셈이지요.

　눈물 젖은 빵을 먹으며 슬픔 속에서 자란 찰리가 어떻게 웃기는 영화로 성공했을까요? 찰리는 8세 때부터 극단에서 심부름을 하며 간간히 단역으로 무대에 올랐습니다. 그런데 찰리는 글씨를 몰라서 큰 어려움을 겪었습니다. 어머니가 대본을 읽어 주면 그걸 통째로 외워 무대에 섰지만 항상 그럴 수는 없는 일이었으니까요.
　그리하여 찰리는 항상 무식함을 부끄러워했습니다. 찰리는 글자를 남몰래 배워 혼자서 대본을 읽을 줄 알게 됐지만, 근본적으로 모르는 게 너무 많았거든요.

"다른 사람과 대화하는 게 겁이 나. 무식하다고 무시당할까 봐."

찰리는 독서를 통해 교양을 쌓기로 결심하고는 즉각 실천에 옮겼습니다. 찰리는 돈을 아끼려고 헌책방을 다니면서 교양도서를 많이 사서 읽었습니다. 그는 특히 쇼펜하우어의 《의지와 표상으로서의 세계》를 자주 읽었습니다.

찰리는 더 큰 세상에서 성공하겠다고 결심하고는 23세 때인 1912년 미국으로 건너갔습니다. 그는 1914년 두 번째 출연 영화인 〈베니스에서의 어린이 자동차 경주〉를 찍으면서 중절모에 꼭 끼는 프록코트, 헐렁하고 약간 짧은 바지, 커다란 신발, 네모진 독특한 콧수염, 지팡이 등 그의 상징과도 같은 의상을 처음으로 고안하여 눈길을 끌었습니다. 이후 찰리 채플린은 이런 복장을 계속 고집하여 그의 이미지를 확고히 했습니다. 1915년 영화 〈방랑자〉에서는 키 작은 방랑자를 재미있으면서도 사랑스러운 존재로 선보였으며, 개성 있는 몸동작으로 웃음을 이끌어 냈습니다.

찰리 채플린의 모습을 보며 사람들은 열광했고, 그가 출연하는 영화마다 성공을 거두었습니다. 덕분에 그는 코미디 영화의 원조이자, 웃기는 재주 하나로 백만장자가 되었답니다.

52일째 앤드류 카네기(미국), 적성에 맞는 직업을 찾아 성공한 기업가

앤드류 카네기(Andrew Carnegie, 1835~1919년)는 스코틀랜드에서 가난한 베틀직공의 아들로 태어났습니다. 그는 지식욕이 강했으나 가난 때문에 초등학교 수준의 마을 학교만 다녔습니다. 그가 학교에 다니면서 집에 토끼를 키울 때의 일입니다.

집안일 도우랴, 공부하랴 토끼 먹이를 구할 시간이 부족하자 그는 꾀를 내어 친구들에게 이렇게 말했습니다.

"토끼풀이나 민들레를 뜯어다 주면 토끼가 새끼를 낳았을 때 너희 이름을 붙여 줄게."

"정말이야? 이야, 그거 재미있겠다."

학교가 쉬는 토요일이 되자 친구들은 너나 할 것 없이 온종일 토끼 먹이를 모아다 주었습니다. 덕분에 카네기는 친구들에게 인심을 쓰면서 토끼 먹이를 해결

했답니다. 이 일은 카네기가 사업적 재능을 처음 발휘한 사건이기도 합니다. 이에 대해 그는 훗날 다음과 같이 회상했습니다.

"이러한 계획은 내 마음에 숨어 있던 조직력 표현의 시초이며, 이걸 발전시켜 나가 물질적인 성공을 거뒀다고 생각합니다. 참으로 귀중한 추억이지요."

카네기는 13세 때인 1848년 가족과 함께 미국으로 건너갔고, 면직물 공장 직원으로 사회생활을 시작했습니다. 이후 증기기관차 화부(火夫), 회사 회계과 보조원, 전신 배달부, 전신 기사를 거쳐 철도회사 서부지역 총책임자가 되었으며 이때 침대차를 발명했습니다.

카네기는 철도회사 주식으로 큰돈을 벌고는 1865년부터 제철업을 성공적으로 경영하여 '철강왕'이라는 별명을 얻었습니다.

카네기는 1901년 회사를 2억 5천만 달러에 팔고는 이때부터 자선사업에 나섰습니다. 그는 미국과 영국에 수많은 공공도서관 설립 기금을 냈으며, 노동자들을 위한 기금을 내놓아 연금제도를 설치하게 했습니다. 그리하여 카네기는 당대 최고의 재산 사회 환원 모범가로 평가받고 있습니다.

53·54일째 토머스 에디슨(미국), 인류의 편리한 생활을 위해 애쓴 발명왕

"아무리 작은 바다 물결이라도 바닷가 모래밭에 곡선의 흔적을 겹겹이 정확하게 그린다. 우리는 그걸 보며 감탄하기 일쑤다. 우리는 또한 모래알들을 매끄러운 널빤지나 유리판에 얇게 뿌려서 피아노 위에 올려놓으면, 소리의 진동에 따라서 여러 가지 직선과 곡선이 나타난다는 사실도 알고 있다. 고체의 잔 알갱이가 액체·기체·소리의 약한 물결에도 영향을 받는다는 사실이 이전부터 알려져 있기 때문이다. 그런데 나는 몇 년 전에 파도가 모래사장에 흔적을 만드는 것처럼 사람이 내는 목소리도 어떤 물질에 똑같은 흔적을 남길 수도 있다는 생각을 했다."

토머스 에디슨(Thomas Edison, 1847~1931년)은 1877년 8월 12일 축음기를 발명한 뒤 위와 같이 말했습니다. 에디슨은 파도가 백사장에 남긴 곡선이 발명 계기라고 설명하지만, 실제 연구 동기는 유선 전화기와 자동 전신기의 결합 상품을 만들자는 것이었습니다. 1876년 3월 벨이 발명한 전화기는 통화 품질이 좋지 않았고, 모스 송신기는 약속된 부호를 사용설명서에 따라 풀어야 하는 단점이 있었거든요.

"모스 송신기가 종이에 부호를 찍어 내듯이, 소리를 재현할 방법이 있을 거야."

에디슨은 여러 가지로 실험한 끝에 얇은 주석을 원통에 붙이고 거기에 소리

진동을 새긴 다음, 그 홈에 다시 바늘을 대어 소리를 재생하는 축음기 발명에 성공했습니다. 에디슨은 축음기 덕분에 세계적으로 이름이 유명해졌으며 '멘로파크의 마술사' 라는 별명을 얻었습니다. 멘로파크는 에디슨이 1876~87년에 많은 발명품을 탄생시킨 실험실이 위치한 마을 이름입니다.

  축음기는 에디슨에게 무척 많은 걸 안겨 주었습니다. 그는 축음기를 개량하는 과정에서 무려 100가지가 넘는 특허를 얻었으니까요. 한 예를 들면 에디슨은 축음기를 돌리는 전원으로 사용하고자 알칼리 내장 전지를 만들어 냈는데 이로 인해 휴대용 전지 시대가 열렸습니다.

축음기는 이름에서도 변화가 많았습니다. 에디슨은 처음에 축음기를 '틴포일(Tin Foil)'이라 불렀습니다. 주석(tin)을 얇게 펴(foil) 원통형으로 말아서 소리를 재생시켰기에 그렇습니다. 그러나 상품으로 만든 축음기엔 '말하는 기계(Talking Machine)'라는 이름을 붙였습니다. 왜냐하면 그런 용도로 팔기 위해서였지요.

에디슨은 속기사 대신 받아쓰기, 시각장애자 독서, 웅변 교육, 음악 녹음과 재생, 유언 보관, 뮤직박스 또는 장난감, 귀가 시간과 식사 시간 알림, 발음 교정 연습, 강의 노트 필기 대용, 전화 통화 영구 보존 등 열 가지 다양한 용도로 홍보했습니다. 그는 그 중에서도 말을 전해 주는 기계라는 점을 유난히 강조했습니다.

"말하는 기계는 속기사 대신 말을 받아써 주고, 시각장애자에겐 책을 읽어 줄 수 있습니다."

하지만 축음기는 에디슨의 예상과 달리 음반 산업에 활기를 불어넣었습니다. 실용화 과정에서 소비자는 받아쓰기 기계보다 음악 재생 기계에 관심을 나타낸 것이지요.

에디슨은 얼마 후 여러 사진을 연결시켜 움직이는 영상을 만들어 내는 기계 발명에 몰두했고, 1891년 키네토스코프를 선보였습니다. 이 기계는 축음기 실린더에 사진을 붙여 만든 것으로 처음에는 어설펐으나 이내 권총형 사진기에서 영감을 받아 필름에 구멍을 뚫어 돌리는 방식의 개량된 키네토스코프를 선보였습니다. 이것으로 사진을 돌리자 사람이 살아 움직이는 것처럼 재현됐습니다. 에디슨은 키네토스코프를 대단치 않은 장난감 정도로 여겼지만 대중은 그렇지 않았습니다. 엄청난 관심을 보였지요. 이후 키네토스코프는 영화 필름의 영사에 필요한 기초 장비가 되면서 영화 시대를 이끌었습니다.

에디슨의 발명품은 많습니다. 인류의 밤을 밝힌 백열전등에서부터 커피포트, 전기난로, 발전기에 이르기까지 헤아릴 수 없을 정도이므로 에디슨은 '발명왕'이라 불리고 있답니다.

55일째 존 D. 록펠러(미국), 미국 역사상 최고 갑부이자 최대 자선가

"오늘부터 돈의 노예가 되지 말고, 돈을 노예로 쓰자."

존 D. 록펠러(John D. Rockefeller, 1839~1937년)는 청소년 시절 차곡차곡 저축한 돈을 회사 사장에게 1년간 빌려 준 뒤 그 이자를 받은 날 위와 같이 결심했습니다. 그 금액이 열흘 일하고 받는 임금과 같았거든요.

실제로 록펠러는 절약 정신과 저축으로 가난을 극복했습니다. 그는 돈을 어디에 어떻게 썼

는지 꼬박꼬박 기록하면서 낭비를 예방했고 그렇게 모은 돈으로 20세 때인 1859년 자기 회사를 차렸습니다. 록펠러는 처음에 식품을 다뤘으나 1860년대 초반 원유의 사업성을 알아채고는 1863년 클리블랜드 근처에 정유소를 세웠습니다. 이 투자가 적중하여 그는 큰돈을 벌었으며

이후 오직 석유사업에만 매달렸습니다. 그 결과 1870년에는 미국 석유 판매량의 10%를 차지했고, 1879년에는 90%를 독점하면서 '석유왕'이라는 별명을 얻었습니다.

하지만 록펠러는 경쟁업체를 사들여 회사 규모를 키운 탓에 중소기업을 망하게 한다고 비판받았습니다. 더구나 미국 법원은 독점금지를 명령하여 스탠더드 트러스트(석유회사 연합체)를 해산하라 명령했습니다.

"이제부터는 좋은 일에 돈을 써서 마음의 빚을 갚자!"

록펠러는 58세 때인 1897년부터 전적으로 자선사업에 헌신했습니다. 1892년 시카고 대학 설립을 시작으로 병원, 교회, 학교 등 많은 곳에 후원을 했습니다. 미국 역사상 최고 부자로 평가받을 만큼 재산이 많았으나 사생활에서는 여전히 검소하고 성실하게 살았고요.

한편 록펠러는 누군가 자기의 성공 비결에 대해 물을 때마다 이렇게 대답했습니다.

"나는 재난이 일어날 경우 그걸 좋은 기회로 바꾸려 계속 노력해 왔을 뿐입니다."

56일째 미겔 이달고(멕시코), 돌로레스의 외침을 선언한 독립 영웅

"과달루페의 성모(인디언 신앙의 상징)여, 영원하라. 나쁜 정부와 가추피네스('말에 박차를 가하는 놈들'이라는 스페인 어)에게 죽음을!"

1810년 9월 16일 멕시코 돌로레스 교구 사제인 미겔 이달고(Miguel Hidalgo, 1753~1811년) 신부가 사람들에게 외친 말입니다. 당시 멕시코는 스페인의 지배를 받고 있었는데, 이달고는 거기에 대항하는 비밀 단체에 관여하다가 발각되자 즉각 행동에 나서기로 결정하고는 용기를 북돋고자 그리 말한 것이지요.

사실 이달고는 이른바 '돌로레스의 외침'을 선언하기 전에 다른 곳으로 피할 기회가 있었습니다. 하지만 이달고는 그렇게 하지 않고 교회 종을 쳐서 사람들을 불러 모은 후 스페인에 대한 독립혁명의 시작을 공개 선언했습니다. 원주민들의 삶이 너무나 불쌍해 보였기 때문이지요.

이달고는 군대를 일으켜 앞장서 싸웠습니다. 이들은 멕시코 서부의 여러 도시를 점령하면서 세력을 넓혔습니다. 그렇지만 이 과정에서 많은 사람들이 죽었고 그 역시 체포되어 1811년 7월 처형당했습니다. 이달고는 교황청에 사제직마저 빼앗겼습니다.

결과적으로 이달고는 생전에 독립을 이루지 못했습니다. 그러나 멕시코 인은 스페인으로부터 독립한 이후 9월 16일을 독립기념일로 지정하여 그를 기리고 있습니다. 이날이 되면 대통령은 대통령궁 발코니에서 돌로레스의 구호를 외치고, 광장에 모인 사람들은 그걸 따라하면서 이달고 신부를 기념합니다. 다시 말해 독립기념일은 멕시코의 국경일이자 이달고를 추모하는 축제의 날입니다.

한편 교황청은 2007년 이달고 신부가 죽기 전에 고해성사를 했다는 사실이 뒤늦게 밝혀졌다면서 파문 선고를 번복했습니다. 이로써 '멕시코의 아버지'라 불리며 절대적 존경을 받는 이달고는 명예를 온전히 회복했습니다.

57일째 디에고 리베라(멕시코), 벽에 시대정신을 그린 화가

"내게는 가난한 사람들의 고민과 희망을 아주 강렬하게 느끼게 해 주는 출신 배경이 있습니다. 나는 그들을 도와주어야만 합니다. 그리고 그들을 위해 투쟁해야 합니다. 그렇게 해서 그들 스스로 일어설 수 있게 해 주고 더 나은 세상을 보게 해 줘야 한다는 게 내 희망입니다."

멕시코 화가 디에고 리베라(Diego Rivera, 1886~1957년)가 자기 그림을 설명하면서 한 말입니다. 우리에게는 좀 낯설지만 리베라는 '스페인의 피카소'에 견줄 만큼 멕시코에서 유명한 화가입니다.

어린 시절부터 그림에 재능을 보인 리베라는 정부 장학금으로 유럽에 가서 오랜 기간(1907~1921년) 미술 공부를 했습니다. 그는 귀국 직전에 본 이탈리아 르네상스 시대 벽화에 큰 감명을 받았습니다.

"벽화에 변화의 이야기를 담아 보자!"

그는 멕시코 내란이 끝나자 귀국하여 공산당에 입당했고 벽화운동을 펼쳤습니다. 멕시코의 신화나 역사가 담긴 벽화를 통해 멕시코 농민과 서민에게 자부심을 심어 주면서 사회의식을 일깨워 주기 위함이었지요. 부자들은 그런 리베라

를 싫어했으나 대중은 그를 열광적으로 좋아했습니다.

때마침 멕시코 정부는 멕시코 원주민 문화에 관심을 보이면서 독립궁을 비롯한 여러 공공건물에 리베라가 벽화를 그리도록 배려해 주었습니다.

"독립궁에 멕시코의 역사를 담아 주십시오."

리베라는 5년간에 걸쳐 마야 문명, 아스텍 문명, 스페인 침공, 가톨릭 전파, 농민혁명, 미국의 멕시코 침공, 멕시코 독립에 이르기까지 멕시코의 역사를 자세히 그렸습니다. 덕분에 오늘날 독립궁 벽화는 국보로 여겨지면서 관광객의 발길을 끌어당기고 있답니다. 리베라는 세상을 떠난 뒤 시민 공원 유명 인사 묘역에 모셔졌으며, 멕시코의 대표적 화가로 존경받고 있습니다.

지도 없이 떠나는 101일간의 세계 인물 여행 127

58일째 체 게바라(아르헨티나), 제국주의에 대한 저항운동의 상징적 혁명가

체 게바라가 쿠바에서 반정부 게릴라 활동을 벌일 때의 일입니다. 게바라가 새로 합류한 주방장에게 음식을 부탁했는데, 그 양이 다른 사람들 것보다 훨씬 많았습니다. 이에 게바라가 그 이유를 물었고, 주방장은 "대장님이라 그랬다"고 답변했습니다. 그러자 게바라는 권총을 빼들고 소리쳤습니다.

"당장 이 곳을 떠나라. 너처럼 아부나 일삼는 자는 여기에 머물 자격이 없다!"

체 게바라가 비록 산 속에 숨어서 반정부 투쟁을 할지언정 아무나 게릴라 대원으로 받아들이지 않고 비교적 정의감이 강한 사람을 고르려 애썼음을 알려 주는 일화입니다.

체 게바라의 본명은 에르네스토 게바라(Ernesto Guevara, 1928~1967년)입니다. 아르헨티나에서 태어났으며, 대학에서 의술을 공부하여 의학박사 학위를 받았습니다. 하지만 남아메리카 전역을 여행하는 과정에서 인간의 병을 치료하는 것보다 가난과 사회적 불평등을 고치는 게 더 중요하다는 걸 깨닫고 쿠바 혁명에 뛰어들었습니다.

그는 평생의 동지 카스트로와 함께 쿠바 독재자를 몰아내는 데 성공하여 장관까지 지냈습니다. 그러나 그는 1965년 공직에서 물러나 돌연 볼리비아 게릴라전에 참가했다가 1967년 볼리비아 정부군에게 붙잡혀 총살당했습니다.

게바라는 게릴라 전쟁에 관한 두 권의 책을 썼으며 농민이 주동이 되는 혁명운동을 강조했습니다. 그는 혁명이론가이자 1960년대 저항운동의 상징적 인물로 여겨지고 있으며, 현재 쿠바의 3페소 지폐에 그의 얼굴이 그려져 있을 정도로 쿠바의 영웅입니다. 검은 베레모에 덥수룩한 턱수염, 열정을 담은 눈빛, 굳게 다문 입술 등 외모도 강한 인상을 주는 까닭에 게바라는 조국에서도 '아르헨티나 20세기 역사에서 가장 위대한 정치인이자 역사적 인물'로 선정될 만큼 높은 인기를 누리고 있습니다.

59일째 산 마르틴(아르헨티나), 라틴아메리카의 독립 영웅

산 마르틴(San Martin, 1778~1850년)은 아르헨티나에서 동상이 가장 많은 위인입니다. 수도 부에노스아이레스에만 아홉 개가 세워져 있으니까요. 그의 얼굴은 아르헨티나 5페소 지폐에도 그려져 있습니다. 그만큼 산 마르틴은 아르헨티나 인들이 존경하는 인물이지요.

산 마르틴의 부모는 스페인 사람이었으나 그는 스스로를 남아메리카 인으로 생각했습니다. 아르헨티나 땅에서 태어났거든요.

산 마르틴은 1785년 스페인으로 가 귀족학교에서 교육받고 보병연대에서 사관생도로 군인생활을 시작했습니다. 처음에는 스페인을 위해 일한 것이지요. 그러다 1808년 나폴레옹이 스페인을 침공한 일을 계기로 생각을 바꿨습니다. 임시정부군이 감금된 스페인 국왕을 구하고자 들고 일어섰을 때 '혁명'과 '자기의 정신적 고향'에 대해 고민했지요.

"남아메리카로 가자! 내가 할 일은 거기에 있다."

그는 34세 때인 1812년 부에노스아이레스로 가서, 스페인 임시정부군에 대항하는 혁명군 세력에 참가했습니다. 이때부터 그는 곳곳에서 스페인 군대를 물리치며 승리를 거뒀습니다. 1812년 아르헨티나 독립을 이끌었고, 1818년 칠레를 독립시켰으며, 1821년에는 리마를 함락하여 페루의 독립을 선언했습니다. 이 과정에서 그는 시몬 볼리바르(Simon Bolivar, 1783~1830년)와 긴밀히 협력하여 라틴아메리카의 양대 영웅으로 꼽혔습니다.

하지만 1822년 볼리바르와 만나 페루 해방을 그에게 양보하고는 얼마 후 갑자기 혁명의 전쟁터를 떠났습니다. 아마도 야심에 불타는 혁명가를 보며 회의를 느꼈던 것으로 짐작됩니다. 산 마르틴은 화려한 업적에 어울리지 않게 프랑스 파리에서 외롭게 살다가 세상을 떠났습니다. 그러나 아르헨티나 인들은 1880년 그의 유해를 부에노스아이레스로 옮기고 민족의 영웅으로 추모하고 있답니다.

60·61'날짜재 투팍 아마루 2세(페루), 죽어 콘도르가 됐다는 잉카 마지막 지도자

"케나(잉카의 피리)를 비롯하여 하나도 남김없이 모두 불태워라!"

1533년 스페인 침략자 프란시스코 피사로에 의해 잉카 제국이 멸망되고 80년이 흐른 1614년, 페루 수도 리마 대교구의 가톨릭 주교는 잉카 원주민의 모든 악기를 없애라고 명령했습니다. 스페인 정복자들이 원주민의 전통음악 연주를 금지시키고 스페인 음악을 권했으나 좀처럼 원주민 음악이 그치지 않았기 때문입니다. 당시 주교는 원주민의 고유악기를 사악한 악마의 도구라고 규정하면서 악기를 연주하는 사람은 물론 그것을 만드는 악공조차 사형으로 다스렸습니다.

그렇지만 탄압 속에서도 원주민은 그들의 음악을 몰래 지켰습니다. 신에게 뭔가를 빌거나 누군가에 마음을 전할 때 그들만의 음악으로 표현하는 것이 관습이었거든요. 더구나 원주민은 고유문자를 가지지 못했기에 노래와 춤으로 고유문화를 후손에게 물려주어야 했지요. 다시 말해 원주민 음악은 그들의 역사와 문화를 간직한 기록이나 다름없었습니다.

19세기 말엽, 페루의 인류학자 겸 작곡가 다니엘 알로미아 로블레스는 잉카의 오래된 민속음악을 채집하다가 우연히 감동적인 노래를 접하곤 흥분했습니다. 그 노래는 1897년 117세의 잉카 노인이 알려 준 '엘 콘도르 파사(El Condor Pasa)'로서 잉카 문명의 서글픈 전설을 담고 있었습니다.

스페인 식민정부가 원주민을 심하게 억압하던 18세기 중엽, 한 잉카 지도자가 농민 반란을 이끌고 나섰습니다. 그의 이름은 잉카 마지막 지배자 투팍 아마루의 후손인 투팍 아마루 2세(Tupac Amaru Ⅱ, 1740~1781년)입니다.

그는 잔인한 통치를 일삼던 지방 행정관을 체포, 처형하고 스페인에 대항했습니다. 그러나 반란은 실패했고 1781년 3월 붙잡힌 그는 가족이 죽는 걸 지켜본 후 네 마리 말이 사방으로 달려 사지가 찢기는 고통 속에 처형당했습니다. 억울하고 비참한 죽음이었지요.

투팍 아마루 2세는 그렇게 세상을 떠났습니다. 그러나 잉카 원주민들은 그를 잊지 않았습니다. 아니 더 나아가 그가 콘도르(높은 곳에 사는 크고 사나운 새)로 환생(다시 태어남)해 안데스 산맥 하늘을 날며 원주민을 보호해 준다고 굳게 믿었습니다. 그리고는 그 전설을 노래로 만들어 후손에게 전해 주었습니다. 그 노래가 바로 투팍 아마루 2세를 기린 '엘 콘도르 파사' 입니다.

오 위대한 콘도르여, 하늘을 마음대로 날아다니는 콘도르여.
나를 집으로 보내 주게나, 안데스 산 높은 곳으로.
오 위대한 콘도르여, 내 고향으로 돌아가
나의 잉카 형제들과 함께 살고 싶다네.
그들은 내가 가장 원하는 것이라네.
오 위대한 콘도르여. 형제들이여.
쿠스코에서 날 기다리게나. 중앙광장에서 말일세.
마추피추 정상도, 와이나피추 정상도
우리 함께 걸어올라 가세.

1960년대에 활약한 남미 전통악기 연주단 '로스 잉카스'는 이 음악을 자주 연주했고, 프랑스 파리 공연에서 우연히 이를 들은 미국 가수 폴 사이먼은 크게 감동받아 1970년 영어 가사를 붙인 팝송 '철새는 날아가고'를 만들었습니다. 덕분에 페루 민속음악은 세계적으로 알려졌고, 투팍 아마루 2세의 삶도 새삼 주목받았지요.

62 가브리엘라 미스트랄(칠레), 사별의 충격을 시로 승화시킨 국민 시인

"정말이에요? 난 그걸 믿을 수 없어요!"

1907년의 어느 날, 사랑에 빠져 있던 한 소녀가 충격적인 소식을 듣고는 눈물을 흘렸습니다. 철도 직원으로 일하는 애인 로메리오가 스스로 목숨을 끊었기 때문입니다. 로메리오는 자기 직업이 소녀에게 미치지 못하고 지식 수준도 떨어져서 서로 어울리지 않는다며 괴로워하다가 그 같은 일을 저지른 것입니다.

소녀의 이름은 루시아 고도이 알까라야(Lucila Godoy Alcayaga, 1889~1957년)입니다. 소녀는 일찍부터 시에 뛰어난 재능을 보여 젊은 나이에 시골 선생님으로 일했으며 1905년부터 1918년까지 '로스 안데스(Los Andes)'라는 여학교 교장으로 활약할 정도로 유능했지요. 한동안 괴로워하던 소녀는 25세 때인 1914년 〈죽음의 소네트〉라는 시를 써서 칠레 문학상에 응모하여 당당히 장원을 차지했습니다. 이때부터 소녀는 가브리엘라 미스트랄(Gabriela Mistral)이

라는 필명으로 시를 썼습니다. 이탈리아의 존경하는 두 시인 가브리엘라 다눈치오와 프레데리크 미스트랄에서 따온 이름이지요.

　미스트랄은 비극적인 사랑과 그 아픔을 시로 승화시켰습니다. 그리고 얼마 후에는 교육가로, 기자로 활동하며 비로소 활기를 찾았습니다. 미스트랄은 외교관으로도 일하며 칠레를 위해 애썼습니다. 물론 그런 가운데서도 항상 시를 썼는데, 그 주제는 대부분 '사랑'이었습니다. 미스트랄은 어머니와 아이들이 있는 가정에서 영감을 얻곤 했습니다.

　미스트랄은 1945년 남아메리카 출신으로는 역사상 처음 노벨 문학상을 받았습니다. 칠레는 그런 미스트랄을 자랑스럽게 여겨 5000페소짜리 지폐에 그 얼굴을 그려 넣고 있답니다. 또한 미스트랄은 파블로 네루다(Pablo Neruda, 1904~1973년)라는 소년의 재능을 알아보고 격려해 줬으며, 네루다 역시 1971년 노벨 문학상을 수상함으로써 칠레를 또 한 번 기쁘게 했습니다.

63·64일째 안데르센(덴마크), 연극배우나 가수를 꿈꾸었던 동화작가

"엄마는 어려서 동냥질을 했단다. 부모님께 하기 싫다고 말씀드렸지만 어쩔 수 없이 밖으로 나왔고, 육교 아래에 앉아서 울곤 했지."

소년 한스 크리스챤 안데르센(Hans Christian Andersen, 1805~1875년)은 어머니로부터 위와 같은 말을 듣고 큰 충격을 받았습니다. 어머니는 현재의 가정 형편이 그래도 옛날보다 낫다는 것을 설명하고자 그리 말했으나 안데르센은 그런 어머니의 어린 시절이 안타까워서 남몰래 눈물을 흘렸지요. 훗날 안데르센은 이 이야기를 바탕으로 동화 《성냥팔이 소녀》를 써서 어머니의 슬픈 영혼을

위로했습니다.

안데르센의 아버지는 구두수선공으로 많은 돈을 벌지 못했습니다. 그래도 그는 틈틈이 책을 읽었고 외아들 안데르센에게 여러 이야기를 들려주곤 했습니다. 안데르센은 동네 아이들과 어울리기보다는 혼자 벌판으로 나가 꽃을 보면서 상상의 날개를 펼치길 좋아했습니다. 또한 노래를 좋아하여 틈만 나면 목청을 뽑았고 주위 사람들을 즐겁게 했습니다. 어린 시절 안데르센의 취미는 노래 부르기였지요.

"연극이란, 아름다운 경치를 보여 주고 변화하는 그림들이네."

안데르센은 어느 날 아버지와 함께 극장에 가서 연극을 보았습니다. 그날 본 연극은 참으로 신선한 감동을 안겨 주었습니다. 그때부터 안데르센은 극장을 수시로 찾아갔습니다. 하지만 돈이 없어서 극장에 들어가긴 어려웠습니다. 그래서 안데르센은 극장 광고지를 나눠 주는 사람에게 일부러 말을 걸며 사귀었습니다. 안데르센은 날마다 광고지 한 장을 받아들고 극장 한쪽에 앉아서 이런저런 상상을 했습니다. 연극 제목을 보고 다른 내용을 생각하는가 하면 주인공에 다른 성격의 인물을 집어넣는 상상도 했지요. 이는 당시엔 몰랐으나 안데르센이 처음 시도한 무의식적인 창작 훈련이었습니다. 어찌 됐든 안데르센은 굳게 결심했습니다.

"연극은 무척 재미있어. 장차 연극배우가 되자. 그래서 사람들에게 행복한 마음을 안겨 주자."

안데르센은 14세 때인 1819년 번화한 코펜하겐의 극장으로 찾아갔으나 문전에서 쫓겨났습니다. 그래도 포기하지 않고 음악학교를 찾아가 노래 실력을 인정받았습니다. 그렇지만 이내 변성기에 들어서면서 목소리가 나빠져 그마저 포기

해야 했습니다. 다행히 구원의 손길이 그에게 뻗쳤습니다. 변성기 이전에 고운 목소리로 시를 암송하곤 했었는데, 그걸 눈여겨 본 한 시인이 안데르센의 문학적 재능을 인정하여 공부를 시키면서 경제적으로 도와준 것입니다.

"자네의 풍부한 감성은 노래보다도 시와 소설에서 더욱 빛날 걸세."

안데르센에게는 뜻밖의 말이었습니다. 자신에게는 연극배우만이 천직인 줄 알았는데, 문학에 재능이 있는 것 같다니요. 안데르센은 집에 돌아와 곰곰이 생각해 보았습니다.

'하고픈 연극을 포기하고 문학에 뛰어들면 과연 성공할 수 있을까?'

안데르센은 시인의 말을 믿고 새로운 변신을 하기로 결심했습니다. 23세 때인 1828년 출간한 첫 책은 그럭저럭 판매가 괜찮았습니다. 30세 때인 1835년 용기를 내어 두 번째 펴낸 소설은 반응이 시원찮았으나 동시에 펴낸 첫 동화집《어린이들을 위한 옛날이야기》가 기대 이상으로 큰 인기를 끌었습니다.

"문체와 내용에서 새로운 장을 열었다."

이런 평가를 받은 그의 동화는 전설을 바탕으로 사회적 약자에 대한 동정을 다룬 이야기였습니다. 그는 아이에게 이야기를 들려주는 듯한 문장을 썼고, 가난해서 어렵고 힘들었던 어린 시절의 체험을 사실적으로 묘사했습니다. 이 때 비로소 안데르센은 자기에게 동화작가로서의 재능이 있음을 깨닫고 본격적으로 동화에 힘을 기울였습니다. 세 번째 동화집에 실린《인어공주》는 많은 사람을 울렸고, 사람들은 해마다 크리스마스 무렵이 되면 안데르센 동화집 출간을 기다렸습니다. 이후 안데르센은 덴마크가 낳은 세계적 동화작가로 현재까지 사랑받고 있답니다.

65일째 알프레드 노벨(스웨덴), 잘못 보도된 기사 때문에 유언장을 바꾼 기업인

1888년의 어느 날 아침, 알프레드 노벨(Alfred Nobel, 1833~1896년)은 커피를 마시면서 신문을 읽다가 깜짝 놀랐습니다. 노벨 자신이 죽었다는 기사가 실렸기 때문이지요. 그것도 다음과 같은 자극적인 제목으로 말입니다.

'죽음의 상인, 사망하다.'

그건 신문기자가 프랑스 칸에서 사망한 루트비히 노벨을 알프레드 노벨로 착각하여 오보를 내보낸 것이었습니다. 하지만 노벨은 오보에 대한 불쾌함보다는 자기에 대한 세상의 인식이 '죽음의 상인'이라는 데 충격을 받고 한동안 생각에 잠겼습니다. 그때까지는 자신이 성공한 기업인이라는 자부심을 갖고 살았거든요.

"내가 세상에 남기고 싶은 건 이런 게 아니야."

노벨은 그 길로 변호사 사무실로 달려가서 이미 써 놓은 유언장 내용을 고쳤습니다. 그로부터 8년이 지난 1896년 12월 10일 노벨은 세상을 떠났습니다. 노벨의 유언장에는 재산의 80%를 인류 복지에 크게 기여한 사람에게 나눠 주라고 적혀 있었습니다. 유언 집행인은 그 재산을 노벨의 고향에 있는 스웨덴 왕실 아카데미에 기부했습니다. 스웨덴에서는 이 돈으로 노벨 재단을 설립했으며 그 기금을 운영한 이익금으로 1901년부터 노벨 상을 주고 있습니다. 덕분에 노벨은 '죽음의 상인'이 아니라 '세계에서 가장 명예로운 상을 주는 사람'으로 기억되고 있답니다.

노벨은 사용하기 불편한 화약을 개선하여 성능 좋고 안전한 다이너마이트를 발명한 사람입니다. 그 위력이 얼마나 대단한지 다이너마이트 폭파 시범을 보이자 '다이너마이트는 평화와 문명을 파괴하는 도구'라는 비난이 쏟아졌지요. 실제로 다이너마이트는 생명을 해치는 살상무기로 많이 쓰이고 있답니다. 그러나 광산이나 터널 공사에도 꼭 필요한 폭약이므로 선악을 지닌 발명품인 셈입니다.

66'일째 셰익스피어(영국), 성격 묘사가 탁월한 영국 최고의 극작가

셰익스피어(Shakespeare, 1564~1616년)는 수수께끼의 인물입니다. 어디서 무엇을 했는지, 그의 생애에 대해서는 알려진 게 드물거든요. 그렇지만 그가 남긴 작품이 워낙 뛰어나기에, 셰익스피어는 영국이 낳은 최고의 극작가이자 시인으로 여겨지고 있습니다.

'천의 얼굴을 가진 극작가', '불꽃과 장미꽃과 칼날과 재치와 웃음의 언어', '한 시대가 아닌 만세에 통용되는 작가', '언어의 마술사' 등 셰익스피어는 생존 당시는 물론 훗날에 이르러서도 이처럼 대단한 평가를 받고 있습니다. 그가 쓴 희곡은 극단에서 인기리에 공연되었으며 풍부한 상상력, 시적 표현력, 감성적 통찰력, 다양한 무대 연출 솜씨로 관객을 사로잡았습니다. 셰익스피어는 《로미오와 줄리엣》을 비롯하여 《한여름 밤의 꿈》, 《베니스의 상인》 등등 수많은 작품을 발표했는데 그 중 1600~1606년에 쓴 비극 네 편 《햄릿》, 《오셀로》, 《리어왕》, 《맥베스》는 최고 걸작으로 평가받고 있습니다.

"사람이란 모름지기 예의범절이 있어야 해."

셰익스피어는 교양인이라면 예의를 갖춰야 한다고 생각했기에 그의 작품에서

예절을 중시하여 설명하곤 했습니다. 장갑 상인이었던 아버지 영향으로 장갑에 대해 긍정적으로 묘사하기도 했고요. 그는 특히 성격 분석에서 탁월한 재능을 드러냈습니다. 예컨대 '햄릿'은 지금도 우유부단하고 고민 많은 사람의 대표적 유형으로 통하고 있지요.

셰익스피어는 20세기 들어 화려한 조명을 받았습니다. 영국의 대학교에 그에 대한 강좌가 개설되는가 하면 많은 학자들이 그가 남긴 영향과 변화를 연구했습니다. 이런 열기를 바탕으로 '세계 최고 극작가'라는 영예로운 별칭을 받았답니다.

한편 셰익스피어는 생전에 극장 무대에서 여자를 보지 못했습니다. 왜냐하면 그 시절에 여자 역할은 변성기를 겪지 않은 소년이 했거든요. 영국의 극장에서 여자 배우가 등장한 건 1660년부터랍니다.

67일째 찰스 다윈(영국), 관심을 수집에서 동물로 돌린 진화론의 아버지

어린 시절 누이동생에 비해 두뇌 발달이 느렸던 찰스 다윈(Charles Darwin, 1809~1882년)은 이유 없는 거짓말을 꾸며내고 공상하기를 좋아했습니다. 그가 즐기는 '거짓말 놀이'의 한 예를 들면 이렇습니다.

다윈은 어느 날 아버지가 소중히 가꾸는 나무 열매를 몰래 따서는 풀 속에 감춰 두었습니다. 아버지가 뒤늦게 과일이 없어진 걸 알고 도둑맞은 것 같다고 속상해하면, 다윈은 잠깐 밖으로 나갔다가 집으로 헐레벌떡 뛰어와서는 이렇게 말했습니다.

"아버지, 제가 그 과일을 찾았어요! 저기에 숨겨져 있더라고요."

다윈은 또 이것저것 모으기를 좋아했습니다. 우표·조약돌·광물 따위를 수집했으며 식물 이름들을 알아내려고 노력했습니다. 매사가 이러하니 아버지에게 귀여움 받기는 어려웠으며, 초등학교 성적도 좋지 않았습니다. 선생님이 그에게 '한눈팔이'라는 별명을 붙여 줄 정도로 공부에 소홀했거든요. 고등학교 졸업 무렵에는 총 쏘기에 흥미를 느껴 틈만 생기면 새 사냥을 하러 다녔습니다. 보다 못한 아버지는 다윈을 크게 야단쳤습니다.

"너는 총사냥, 개경주, 쥐잡기 이외에는 좋아하는 게 없구나. 너는 장차 네 자신과 가족의 명예를 손상시킬 놈이다."

이렇게 살던 다윈은 22세 때인 1831년 영국 해군함 비글 호에 동행한 걸 계기로 인생의 일대 전환점을 맞았습니다. 그는 비글 호를 타고 다니며 5년 동안 남아메리카의 해안과 태평양의 섬들을 조사했습니다. 뱃멀미를 심하게 겪으면서도 도착하는 곳마다 땅과 동식물을 관찰했고, 갈라파고스 군도의 많은 생물들을 보고 진화론에 대한 영감을 얻었습니다.

이런 경험을 바탕으로 다윈은 생물 진화론을 주장하여 세상을 놀라게 했습니다. 그때까지 인간은 신에 의해 창조됐다고 생각했거든요. 그리하여 다윈은 '진화론의 아버지'라 불리고 있답니다.

68일째 아이작 뉴턴(영국), 발명품에서 원리의 중요성을 깨달은 물리학자

아이작 뉴턴(Isaac Newton, 1642~1727년)이 초등학교에 다닐 때의 일입니다. 뉴턴은 혼자 힘으로 물레방아를 만들어 자랑하려고 학교에 가져갔습니다. 그리고는 수업이 끝난 뒤 시냇물에 가서 아이들에게 물레방아가 돌아가는 걸 보여 주었습니다. 이때 아이들은 대단하다며 칭찬했으나 공부 잘하는 반장이 뉴턴을 노려보며 말했습니다.

"물레방아가 돌아가는 힘으로 어째서 맷돌이 돌아가며, 왜 밀이 가루가 되는지 설명해 봐!"

밀을 맷돌에 넣으면 가루로 나오는데, 그 원리를 설명하라는 말이었습니다. 뉴턴은 말문이 꽉 막혔습니다. 자기는 단지 생각나는 대로 만들어 냈을 뿐 정확한 이유를 모르고 있었거든요.

"설명할 수 없다면 목수에 지나지 않아! 목수가 뭐 대단해."

반장의 말에 아이들이 태도를 바꾸며 일제히 뉴턴을 놀렸습니다.

"그래 맞아! 뉴턴은 목수장이야."

뉴턴은 발명품 원리를 설명할 수 없다는 사실에 당황했으나 한편으로 억울한 마음과 참을 수 없는 분노를 느꼈습니다. 그리하여 생애 처음이자 유일한 싸움을 벌였습니다. 실컷 얻어맞고 실컷 때렸습니다. 하지만 마음이 개운치 않았습니다.

집에 돌아와 뉴턴은 많은 생각을 했습니다. 그리고 그제야 공부의 힘을 깨달았습니다.

"반장 말이 맞아. 원리를 설명 못하는 건 아무 것도 모르는 거나 다름없어. 자연계에는 어떤 일정한 원리와 진리가 있을 텐데, 나는 그런 사실에 대해 너무 모르고 있어."

그때부터 뉴턴은 머리에 떠오른 여러 문제에 대해 이론적으로 연구하기 시작했으며, 결코 중도에서 그치는 일이 없이 끝장을 보았습니다. 성격도 달라져서 매우 적극적이고 도전적인 태도를 가졌습니다. 뉴턴은 이러한 끈질긴 집념을 바탕으로 무한급수의 방법을 연구하고 쌍곡선의 면적을 계산해 냈으며 '만유인력의 법칙'을 발견하였습니다.

69일째 윈스턴 처칠(영국), 노벨 문학상을 수상한 영국 정치가

윈스턴 처칠(Winston Churchill, 1874~1965년)이 고교를 졸업하기 직전의 일입니다. 그때까지 그는 공부에 관심이 없었고, 장난감 병정으로 전쟁 놀이 하기를 좋아했습니다. 어느 날 그의 아버지는 동생과 병정 놀이를 하고 있는 처칠에게 물었습니다.

"군인이 되고픈 생각이 있느냐?"

처칠은 아버지가 자기의 군사적 재능을 인정한 줄 알고 "네"라고 즉각 대답했습니다. 하지만 그의 아버지는 또래에 비해 처칠의 지능 발달이 뒤처진다고 판단하여 군인이라도 시킬까 하고 물어본 것이었습니다. 어찌 됐든 처칠은 아버지 권유에 따라 직업군인의 길을 걸었고, 인도에서 지루한 나날을 보냈습니다.

그런데 22세 생일을 며칠 앞둔 날, 처칠은 문득 공부를 해야겠다는 생각이 들었습니다. 사람들과 대화할 때 뜻을 모르는 단어가 많다는 걸 깨달은 게 계기였습니다. 훗날 처칠은 당시의 심정을 이렇게 말했습니다.

"사람들이 윤리라는 말을 사용할 때 나는 그 뜻을 제대로 이해하지 못했다. 어느 때에는 소크라테스적 방법이라는 말을 들었는데 이 말 역시 그 뜻을 알 수 없었다. 이런 정도의 말은 대학을 졸업한 사람들이 모두 알고 있는 모양인데 나는 전혀 모르고 있었다."

이날 이후 처칠은 역사·철학·경제학에 관한 책을 열심히 읽었습니다. 그는 특히 에드워드 기번의 《로마 제국 흥망사》와 매콜리의 《영국사》에 큰 감명을 받았습니다. 이때 닦은 독서와 글쓰기 훈련 덕분에 처칠은 후에 격조 높은 웅변과 재치 넘치는 유머를 마음껏 뽐냈습니다.

처칠은 정치계에 입문한 뒤 여러 차례 영국 총리를 지냈으며 제2차 세계대전 중에 위대한 지도자로 활약했습니다. 처칠은 《제2차 세계대전 회고록》으로 1953년 노벨 문학상을 수상하기도 했습니다. 젊은 날의 풍부한 독서와 작문 연습이 그런 영광을 가져다준 것이지요.

70일째 엘리자베스 1세(영국), 사람을 잘 활용해 강대국을 만든 여왕

엘리자베스 1세(Elizabeth I, 1533~1603년)가 국왕이 됐을 즈음, 유럽의 강대국은 스페인과 포르투갈이었습니다. 그런 상황에서 엘리자베스는 한 사건을 계기로 영국을 강대국으로 만드는 데 성공했습니다.

그 사건이란 해적 드레이크와의 만남입니다. 어느 날 스페인 상선 약탈 행위로 붙잡혀 온 드레이크를 보고 엘리자베스는 스페인 대사 앞에서는 심하게 질책했으나 나중에 따로 만나 이렇게 말했습니다.

"드레이크, 두려워 마오. 나는 그대를 석방시킬 작정이오. 그러나 조건이 하나 있소. 우쭐거리는 스페인과 포르투갈을 꺾고 우리가 바다를 휘어잡을 수 있도록 그대가 최선을 다하여 주는 것이오. 목적은 수단을 정당화할 수도 있으니 모든 건 그대의 재량에 맡기겠소."

영국 상선 이외의 해적질을 합법적으로 허락하겠다는 놀라운 말이었지요. 감격한 드레이크는 충성을 맹세하고 즉각 스페인과 포르투갈의 선박을 닥치는 대로 노략질했습니다. 그리고 얼마 후에는 직접 함대를 조직하여 영국인 최초로 세계 일주 보물 탐험에 나섰습니다. 엘리자베스는 그 공로를 치하하여 드레이크에게 기사 작위를 주었습니다.

한편 엘리자베스는 옷에 대한 사치가 심했고 지나치게 진주를 좋아하는 등 허영심이 컸습니다. 그러나 그런 단점에도 불구하고 엘리자베스는 오늘날 여러 면에서 훌륭한 지도자로 평가받고 있습니다. 능력 발휘 공간을 주는 용인술, 자신의 이미지를 새롭게 만들기 위한 노력, 큰일을 위해 분하고 억울한 일을 참는 것, 계획을 세워 끝내 목표를 달성하는 집념, 위기를 기회로 만드는 용감함 등등이 뛰어났기 때문이지요.

2000년 봄, 미국의 《뉴욕타임스》지는 지난 1천년간 역사를 통해 가장 훌륭한 지도자가 누구인지 선정하여 발표했습니다. 그때 영예로운 1위를 차지한 사람은 다름 아닌 영국의 엘리자베스 1세입니다.

조지 스티븐슨(영국), 비웃음을 뚫고 증기기관차를 만들어 낸 발명가

칙칙폭폭 칙칙폭폭!

1825년 9월 27일, 증기기관차 로커모션(locomotion) 호가 스톡턴과 달링턴 사이를 처음으로 달렸습니다. 증기기관차는 이미 1814년 조지 스티븐슨(George Stephenson, 1781~1848년)이 발명했으나 이때서야 철도역이 건설되면서 실용화된 것이지요. '이동', '여행'이란 뜻의 로커모션 호는 약 90톤 무게의 객차·화물차를 끌면서 시속 16km 속도로 달렸습니다. 사람들은 탄성과 환호성을 질렀습니다.

하지만 스티븐슨은 이에 만족하지 않고 계속 연구하여 더 빨리 달리는 증기기관차를 선보였습니다. 증기기관차가 마차보다 빠르면서 더 많은 짐을 실어 나를 수 있음을 보여 주고 싶었거든요. 1829년 리버풀-맨체스터 철도 개업을 앞두고 선보인 로켓 호는 최고 시속 46km를 내면서 분명히 마차보다 뛰어난 이동 수단임을 증명했습니다.

사실 스티븐슨이 성공을 거두기 이전에는 그의 노력을 비웃는 사람이 많았습니다. 그렇지만 그는 실망하지 않고 끈질기게 노력했습니다. 그는 정규 학교 교육을 받지 못해 청소년 시절까지 글을 읽지 못했으나 야간학교에 다니며 글을 깨쳤고, 17세 때 증기기관을 접하고는 혼자 힘으로 그 원리를 이해했습니다. 그는 휴일마다 증기기관을 분해했다 조립하는 일을 되풀이하며 증기기관 구조를 파악했습니다. 뒤늦게 문자와 수학을 익힌 이유도 증기기관을 자세히 알고자 하는 데 있었습니다.

그런 점에서 조지 스티븐슨은 대단한 인물입니다. 무엇보다 그는 일생 동안 굳센 의지로 어려운 일을 헤쳐 나갔으니까요. 증기기관차는 이후 각국 철도에 채택되며 교통기관 혁명을 주도했는데 스티븐슨이 그 일에 앞장섰습니다. 기관차 제작은 물론 철도 건설과 다리 설계에도 관여하여 문제가 생길 때마다 해결해 나갔습니다. 덕분에 인류는 먼 곳까지 안전하게 다닐 수 있게 되었답니다.

72'일째 생텍쥐페리(프랑스), 사막에서 평화를 본 '어린 왕자'의 아버지

생텍쥐페리가 스페인 내란에 참가해 파시스트(독재주의자)들과 싸웠을 때의 일입니다. 그는 전투 중에 붙잡혀 감방에 갇혀 죽음을 기다리는 처지가 됐습니다. 그 절망적인 상황에서 그는 담배를 피우려 했습니다. 하지만 성냥이 없기에 창살 너머 간수에게 조심스레 말했습니다.

"혹시 불이 있으면 좀 빌려 주겠소?"

간수는 어깨를 으쓱하며 담배에 불을 붙여 주었고 그때 두 사람의 눈길이 마주쳤습니다. 생텍쥐페리는 슬픈 눈빛에 희미한 미소를 지었고, 간수는 "자식이 있느냐?"고 물어 왔습니다. 생텍쥐페리가 그렇다고 대답하며 지갑 속에 들어 있는 가족사진을 보여 주었습니다.

간수는 그 사진을 보더니 갑자기 감옥 문을 열어 주었습니다. 그러더니 생텍쥐페리에게 조용히 따라 나오라는 손짓을 했습니다. 간수는 감옥을 빠져나가 뒷길로 해서 마을 밖까지 생텍쥐페리를 안내했습니다. 그런 다음 간수는 한마디 말도 없이 뒤돌아서서 마을로 걸어갔습니다. 생텍쥐페리의 눈빛과 미소가 간수의 마음을 움직여 목숨을 구한 것입니다.

생텍쥐페리(Saint-Exupery, 1900~1944년)는 프랑스의 비행사이자 소설가

입니다. 그는 1922년 비행기 조종사 면허를 땄고, 항공사에 입사하여 항공우편 항로 개설에 힘썼습니다. 제2차 세계대전이 일어났을 땐 육군 정찰기 조종사가 되어 전투에 참가했습니다.

그는 조종사로서의 경험을 바탕으로 소설을 써서 주목받았습니다. 1929년 《남방 우편》, 1931년 《야간 비행》, 1939년 《인간의 대지》, 1942년 《전투 조종사》는 모두 비행 체험을 다루고 있습니다. 1943년에는 어른들을 위한 동화 《어린 왕자》를 발표하여 감동을 주었습니다. 생텍쥐페리가 본 사막 풍경과 바오밥 나무를 직접 삽화로 그리기도 했고요.

생텍쥐페리는 1943년 북아프리카 하늘을 정찰하다가 격추당해 실종됐으나, 그가 어린 왕자를 통해 남긴 사랑의 마음은 세상에 널리 퍼졌답니다.

73일째 앙리 파브르(프랑스), '최고의 관찰자'로 평가받는 곤충학자

앙리 파브르(Henri Fabre, 1823~1915년)가 아비뇽 중학교 교사로 일할 때의 일입니다. 당시 문무장관이 아비뇽 시를 방문한 길에 파브르를 찾아왔습니다. 학술잡지에 실린 파브르의 연구논문을 읽고 감동했기에 그 과학자 겸 문필가를 만나고 싶어서였지요.

"만나서 반갑습니다."

장관은 실험실에 들어서자마자 파브르에게 악수를 청하면서 실험실 지원을 약속했습니다. 그러나 파브르는 실험실 자금 지원보다는 자기의 더러운 손과 악수해 준 것에 만족한다고 말했습니다. 실험을 중단하고 싶지 않다는 완곡한 표현이었는데, 장관은 그 말에 감격하여 주변 사람들에게 이렇게 말했습니다.

"이 손은 (더럽게 보이지만) 펜도 쥐고, 현미경도 쥐면서 산업을 발전시키는 (대단히 고마운) 손입니다. 여러분은 이 사실을 알고 계십니까?"

이 일화에 등장하는 앙리 파브르는 세계적으로 유명한 생물학자입니다. 그는 물리학 교사로 지내다가 31세 때인 1854년 겨울, 레온 뒤프르의 소책자 《나나니

벌의 변태와 본능에 대한 관찰 결과》를 읽고 감명받아 곤충 연구에 몰두하기로 결심했습니다.

교사로 일하며 경험을 쌓고, 여러 학문을 독학으로 섭렵한 파브르는 어려운 자연과학을 재미있고 알기 쉽게 설명하는 재주를 갖고 있었습니다. 이러한 재능이 파리에 있는 출판사로부터 인정받아 《농업에 방해가 되는 동물들》, 《초보 천문학》 등 많은 책을 썼습니다. 이런 책들 중에는 판매가 잘된 것도 있어 파브르가 곤충 연구를 하는 데 도움을 주었습니다.

파브르는 프랑스 리용 시 근처의 작은 마을에서 만년을 보내며 《곤충기》를 집필했습니다. 이때 넓은 마당의 절반을 자연 상태 그대로 두어 곤충들이 자유롭게 살도록 했습니다. 그리곤 각종 실험 장치로 곤충들 행태와 습관을 관찰·기록하여 곤충기를 썼습니다. 이에 찰스 다윈은 파브르에게 '최고의 관찰자'라는 찬사를 보냈습니다.

74·75일째 나폴레옹(프랑스), 자기를 믿고 따르게 만든 지도력의 황제

1791년 1월 9일 저녁 무렵, 프랑스 소년군사학교 학생 다섯 명이 기숙사 근처 연못에서 스케이트를 즐기고 있었습니다. 처음에는 무척 재미있었으나 시간이 흐름에 따라 배고파지고 바람도 점점 차가워지자 그 중 가장 키 작은 학생이 스케이트를 벗으며 말했습니다.

"얘들아, 이제 그만 놀고 돌아가자."

"벌써? 조금 더 놀자."

"한참 재미있는데 조금만 더 놀고 가자."

하지만 키 작은 학생은 고집스레 단호하게 말했습니다.

"안 돼. 너무 늦었어. 그리고 놀만큼 놀았어. 그러니 지금 돌아가자."

결국 나머지 네 학생은 조금 더 놀고, 고집 센 꼬마 학생만 혼자 돌아왔습니다. 그런데 말입니다. 사람의 운명은 참으로 알 수 없는가 봅니다. 그 꼬마 학생이 기숙사로 돌아간 얼마 후, 연못의 얼음이 녹아 깨졌습니다. 추운 겨울날 늦은 밤이라 주변에는 사람들이 없었고 그 바람에 네 학생은 물에 빠져 죽었습니다.

네 소년이 불행히 목숨을 잃은 가운데, 혼자만 목숨을 건진 행운아의 이름은 나폴레옹 보나파르트(Napoleon Bonaparte, 1769~1821년)입니다. 만약 그가 그 겨울날 고집을 꺾고 친구들과 함께 스케이트를 더 탔다면 세계 역사는 크게 달라졌을 것입니다.

나폴레옹이 누구인가요? 프랑스가 자랑스레 여기는 영웅입니다. 그는 탁월한 군대 조직력을 발휘해 군사력을 증가시켰고, 전쟁터에서 그가 보여 준 여러 뛰어난 전술은 그 뒤 많은 장군들이 연구하고 배울 정도였습니다. 또 그는 프랑스와 서유럽 여러 나라 제도에 오래도록 영향을 끼친 많은 개혁을 이루어 냈습니다. 35세 때인 1804년에는 황제로 등극하기까지 했지요. 그는 어떻게 황제의 위치에까지 올랐을까요?

나폴레옹은 뛰어난 전술가로 유명합니다. 그는 상대방이 예측하지 못할 때 갑자기 공격하는 기동전을 즐겨 썼습니다. 이는 상대방 사기를 꺾는 동시에 적은 병력으로 많은 군사를 물리치는 효과가 있었습니다. 이 전술은 순식간에 군인들을 이동시켜서 적군의 약점을 공격하는 게 핵심입니다. 그러려면 시간과 장소에 따라 적절한 공격 시점을 찾아야 하는데

나폴레옹은 그 점에 관한한 탁월한 능력을 발휘했습니다.

그렇지만 그가 전술보다도 중시한 것은 병사의 사기를 북돋우는 일이었습니다. 젊은 시절 나폴레옹은 전투에서 늘 앞장서서 공격을 지휘하였고, 전선에서

는 병사들과 함께 잠을 잤습니다. 병사들은 그에게 친밀감을 느껴 '작은 하사'라는 애칭을 붙여 주기도 했습니다. 나폴레옹이 이처럼 솔선수범하자 병사들은 나폴레옹과 함께 싸우면 반드시 이긴다는 확신을 가졌습니다.

나폴레옹은 1800년 5월, 험난한 알프스를 넘어 오스트리아 군을 무찔렀을 때 "나의 사전에는 불가능이란 없다"고 외치며 군사들에게 용기를 주었습니다. 그리고 마침내 1804년 그의 나이 35세 때 프랑스 황제 자리에 올랐습니다.

나폴레옹은 권력을 차지한 뒤 점차 오만한 독재자가 됐고, 급기야 국민들로부터 버림받아 섬에서 세상을 떠났습니다.

그렇지만 나폴레옹은 지도력에 있어서만큼은 대단함을 인정받으며 뛰어난 전쟁 영웅으로 여겨지고 있습니다. 그는 특히 자유와 평등으로 대표되는

프랑스 혁명 정신을 유럽 대륙 전체에 퍼뜨리는 데 큰 역할을 했습니다. 국민 투표라는 민주적 제도를 처음 실시한 것도 나폴레옹입니다. 1807년 편찬된 《나폴레옹법전》은 '누구나 법 앞에 평등'하다는 사상을 담아 각국 법률에 큰 영향을 끼쳤습니다. 오점이 있기는 하나 나폴레옹은 유럽 민주화와 근현대 자유사상의 기반을 닦은 셈입니다.

76 마리 퀴리(프랑스), 방사선 시대를 활짝 연 의지의 과학자

1895년 독일 물리학자 뢴트겐이 선을 발견하고, 이듬해에 베크렐이 우라늄과 그 화합물이 X선과 동일한 작용을 하는 방사선 물질을 낸다는 사실을 발견하였습니다.

"뭐라고요? X선처럼 사진 효과를 내는 방사선 물질이 발견되었다고요?"

베크렐의 이 새롭고 놀라운 실험 보고를 들은 피에르 퀴리(Pierre Curie, 1859~1906년)와 마리 퀴리(Marie Curie, 1867~1934년) 부부는 큰 흥미를 가지고 방사선 물질을 본격적으로 연구했습니다. 그리하여 우라늄 원광석을 분석 실험함으로써 1898년 훨씬 강력한 방사능을 지닌 라듐을 찾아냈습니다. 이 연구에는 피에르 퀴리와 그의 제자이자 화학자인 A. 데비에른이 함께 참여했습니다.

퀴리 부부는 이 방사성 원소를 '라듐(radium)'이라 이름 붙였는데 이 명칭은 라틴 어로 '광선'이라는 의미의 '라디우스(radius)'에서 유래했습니다. 마리 퀴리는 '어떤 물질이 자발적으로 에너지와 원자 구성 입자를 방출하는 현상'을

'방사능'이라 이름 지었습니다.

퀴리 부부가 발견한 라듐은 질병 치료, 특히 암 치료에 큰 효과를 나타냈습니다. 그러자 상업성을 간파한 여러 사람들이 서로 자기에게 권리를 팔라고 아우성쳤습니다. 퀴리 부부는 며칠 숙고한 후 특허를 포기하겠다는 결단을 내렸으며, 모든 연구 과정을 공개하여 누구나 라듐을 이용할 수 있도록 했습니다. 인류를 고통스럽게 하는 질병 치료에 도움을 주기 위해서였지요.

마리 퀴리는 방사성 원소인 폴로늄과 라듐을 분해시킨 공로로 1903년에 남편과 함께 노벨 물리학상을 받았습니다. 그리고 남편이 마차 사고로 갑작스레 세상을 떠난 뒤, 1911년에는 홀로 노벨 화학상을 받음으로써 노벨 상을 두 번이나 수상한 영광의 주인공이 됐습니다. 약소국가 폴란드에서 태어나 어린 시절을 어렵게 보냈으나 열심히 공부하여 성공한 의지의 여성, 바로 마리 퀴리입니다.

77。 오거스트 로댕(프랑스), 넓이보다 깊이를 추구한 조각가

오거스트 로댕(Auguste Rodin, 1840~1917년)이 18세 때인 1858년의 일입니다. 이 무렵 로댕은 가정 형편이 어려운 탓에 장식품점에 취직해 일하면서 틈틈이 혼자 조각을 공부했습니다. 돈이 부족해 석고 대신 진흙으로 이러저러한 작품을 만들어 보곤 했지요. 그러던 어느 날 로댕이 꽃과 잎을 진흙으로 만드는데, 함께 일하는 콩스탕 시몽이라는 직공이 이렇게 말했습니다.

"로댕 네가 만든 잎사귀는 모두 넓적하게 보여. 진짜같이 보이지 않는단 말이지. 잎사귀 끝이 네 쪽으로 튀어나오도록 만들어 봐. 그러면 얼른 보기에 깊이 있어 보일 테니까. 조각을 할 때는 어떤 형태를 넓이로만 볼 게 아니라 언제나 깊이로 보란 말이야. 평면이란 것은 양(量)의 일부분이라고 생각하면 되는 거야. 그러면 너는 '살을 붙이는 방법'을 깨치게 될 거야."

시몽은 평소 로댕이 진지하게 노력하는 걸 좋게 보고 한마디 충고를 해 준 것입니다. 로댕은 그 말을 기분 나쁘게 생각하지 않고,

시몽이 시키는 대로 해 보았습니다.

그랬더니 아주 보기 좋은 잎사귀가 만들어졌습니다.

시몽의 말은 이후 로댕의 조각 인생에 큰 도움이 됐습니다.

로댕은 35세 때인 1875년 또 한 번 깨달음을 얻었습니다. 독자적인 표현 양식을 찾지 못해 고민하던 로댕은 영감을 얻고자 이탈리아의 로마·나폴리·베네치아·피렌체 등을 방문해 르네상스 시대 작품을 직접 보았습니다. 다행히 그는 미켈란젤로와 도나텔로의 조각에서 나름의 비결을 발견했습니다.

이 여행을 계기로 로댕은 틀에 박힌 생각에서 벗어난 독창적인 작품을 만들기 시작했는데, 그 첫 작품이 청동상 〈정복당한 자〉입니다. 이후 로댕은 주로 인물상을 조각했으며 작품의 핵심을 손과 머리에 맞추는 경우가 많았습니다. 오늘날 그는 뛰어난 초상 조각가로 평가받고 있으며, 특히 미완성 작품인 〈지옥의 문〉 중에 들어 있는 〈생각하는 사람〉이 많은 사랑을 받고 있습니다.

78일째 샤넬(프랑스), 여성을 위한 옷을 간편하게 만든 디자이너

오늘날 유럽 여성들은 여름이 되면 피부를 햇볕에 노출시켜 적당히 그을립니다. 건강관리와 미용을 겸해서 그렇게 하는데, 사실 이 유행은 가브리엘 샤넬(Gabrielle Chanel, 1883~1971년)에 의해 시작됐습니다. 하얀 피부만을 멋으로 알던 여인들에게 구릿빛 살결의 아름다움을 일깨워 준 사람이 바로 샤넬이거든요. 샤넬은 현재 유행하는 '발톱 매니큐어'의 원조이기도 합니다. 샤넬은 손톱엔 매니큐어를 칠하지 않았지만 발톱은 빨갛게 물들이고 다녔습니다.

샤넬이 낳은 더 큰 유행은 향수입니다. 샤넬 이전만 하더라도 여성용 향수는 꽃을 원료로 한, 냄새를 알아채기 쉬운 하나 내지 몇 종류 향을 섞은 것만 있었습니다.

"이 향수는 장미 향이네."

그런데 샤넬이 그 고정관념을 깨뜨리고 복합 향수를 생각해 냈습니다. 1924년 샤넬은 프랑스 남부에 있는 향수 마을 글라스를 찾아가, 러시아 태생 화학자 에르네스트에게 향수 개발을 부탁했습니다. 에르네스트는 여러 종류의 복합 향수를 만들어 주었고, 샤넬은 그 중 세 개를 골라 상품화했습니다. 샤넬은 그 자리에서 향수병 형태를 직접 그렸으며, 거기에 좋아하는 숫자인 'No.5'로 이름을 붙였습니다. 숫자를 상품명으로 사용하겠다는 착상은 그 당시에는 참으로 신선했습니다. '샤넬 No.5'는 그 후 세계에서 가장 잘 팔리는 향수가 됐습니다.

또한 샤넬은 독특한 장식이 달린 모자, 어깨에 걸쳐 메는 숄더백, 나팔바지, 단발머리, 터틀넥 스웨터, 모조 보석, 트렌치코트 등등 새로운 패션을 이끌며 세상을 놀라게 했습니다. 무엇보다 샤넬은 '남성에게 보이기 위한 화려하나 거추장스러운 옷'을 '여성 자신이 편하게 입는 단순한 옷'으로 바꿨고, 여성도 사회에서 성공할 수 있음을 처음으로 증명했습니다. 그러므로 샤넬은 의복 디자이너를 넘어서서 여성 직업을 개척한 선구자라고 할 수 있습니다.

79·80일째 베토벤(독일), 삶의 고난을 이겨내고 생생한 음악으로 표현한 작곡가

한 젊은이가 우울한 나날을 보내고 있었습니다. 그는 연애에 실패했고, 친구들과는 사사건건 말싸움을 벌였습니다. 게다가 후견인으로 책임 있게 돌봐 줘야 하는 조카가 수시로 자살을 시도해 속을 썩였습니다. 그는 겹치는 불운을 견디다 못해 인근에 이름 높은 수도승을 찾아가 어찌 해야할지 자문을 구했습니다. 수도승은 유리 구슬이 들어 있는 나무 상자를 들고 와 그에게 말했습니다.

"손을 넣어 구슬 하나를 꺼내 보세요."

검은 구슬이 나왔습니다. 다시 또 여러 차례 꺼내도 마찬가지였습니다. 그러자 수도승이 말했습니다.

"이 상자에는 검은 구슬 여덟 개와 흰 구슬 두 개가 들어 있습니다. 신은 모든 이에게 악운 여덟 개와 행운 두 개를 평등하게 나눠 주고 있는데, 희망을 잃지 않고 악운과 싸워 나가면 점차적으로 흰 구슬을 잡을 확률이 높아지지요."

그제야 젊은이는 자기의 삶이 시련만으로 가득 찬 게 아니라는 위안을 얻었다고 합니다. 이 젊은이의 이름은 루트비히 반 베토벤(Ludwig van Beethoven, 1770~1827년)입니다. 베토벤은 음악가 중에서도 유난스럽게 어려움을 많이 겪은 사람으로 유명합니다.

생존 당시 그는 그다지 매력적인 외모가 아니었습니다. 베토벤은 시력이 나쁜 데다 키가 작고 머리가 컸으며, 솥뚜껑처럼 큰 손을 가졌거든요. 오로지 불쑥 튀어나온 치아만이 항상 깨끗했는데, 이는 심심하면 휴지로 치아를 닦는 버릇이 있었기 때문입니다. 그는 또한 유행에 관심 없었고 옷이 지저분한 경우가 많았으며 굵은 머리카락을 아무렇게나 기르고 있었습니다. 친구들이 밤중에 몰래 헌 옷을 갖다 버리고 새 옷을 사다 놓곤 했지만 그의 옷매무새는 언제나 깨끗하지 못했다고 합니다. 한마디로 그는 지저분한 사람이었습니다.

그러나 베토벤은 힘차고 감동적인 음악으로 연주회에 온 청중을 사로잡았습니다. 그는 교향곡 아홉 곡을 비롯해 수많은 작품을 만들었으며, 18세기 후반에서 19세기 초까지 당대 최고의 명성을 얻었습니다.

베토벤은 생활에도 적극적이었습니다. 시대가 변해서 궁정과 교회의 후원이 사라지자, 그는 악보 판매와 출판으로 생계를 꾸려 나갔습니다. 베토벤은 청탁 받지 않고 자발적으로 작곡하여 봉급을 받은 최초의 음악가입니다. 당시 베토벤은 즉흥 연주에 능한 피아노의 장인으로도 이름을 날렸는데, 감수성을 강조하던 사회 분위기에 힘입어 큰 인기를 끌었습니다.

안타깝게도 베토벤은 청각을 잃어버리는 음악가 최대의 불운을 겪었습니다. 이때 그는 좌절감을 느끼면서도 피아노 연주가에서 작곡가로 방향을 바꿔 위기를 이겨 냈습니다. 그는 두 남동생 앞으로 쓴 〈하일리겐슈타트 유언장〉에서 귓병으로 겪은 고통을 나타낸 바 있습니다. 그 편지에서 베토벤은 '가슴속에 있는 창작 요구를 다 채우지 못하고서는 세상을 떠날 수 없기 때문'에 목숨을 유지한다고 밝혔습니다. 또 자기가 고집이 센 게 아니라 귀머거리로서 불편하기 때문에 상대에게 예민하게 보이는 것이라 설명했습니다.

베토벤은 49세가 되었을 때 완전히 청각을 잃어 공책을 가지고 다녀야 했습니다. 이 공책에 상대방이 질문을 적으면 그는 말로 대답을 하곤 했습니다.

어쨌거나 오늘날 베토벤은 인간의 의지를 잘 나타냈고, 웅장한 고전주의 음악을 완성한 작곡가로 평가받고 있습니다. 〈영웅〉, 〈운명〉, 〈전원〉 같은 굵직한 교향곡을 비롯해 소나타·교향곡·협주곡·현악 4중주 등 다양한 음악을 만들었으며, 성악에 비해 뒤떨어진다고 여겨지던 기악을 최고의 위치로 올려놓았기 때문이지요.

81일째 비스마르크(독일), 강인한 의지와 용기를 지닌 '철의 재상'

어느 날 비스마르크는 친구와 사냥을 나갔습니다. 그런데 그만 친구가 늪에 빠졌고, 점점 더 깊숙이 늪 속으로 들어갔습니다. 비스마르크가 재빨리 총대를 내밀었으나, 친구의 손에 닿지 않았습니다. 친구는 절망감에 젖어 빠져나오려는 노력을 포기하려 했습니다.

그때였습니다. 비스마르크는 총알을 장전한 총구를 친구에게 들이대더니 방아쇠를 잡아당기려고 했습니다. 그러자 깜짝 놀란 친구는 자기를 겨눈 비스마르크의 총을 피해 허우적거리며 몸을 이리저리 움직였습니다. 그러다보니 어느새 친구는 늪 가장자리까지 빠져나왔습니다. 나중에 비스마르크는 친구에게 말했습니다.

"오해하지 말게. 난 자네에게 총을 겨눈 게 아니었어. 바로 좌절하고 포기한 자네의 나약함에 총을 겨눈 거라네."

이 일화는 비스마르크의 성격을 잘 일러 주고 있습니다. 위기 속에서도 침착함을 유지하는 냉정한 판단력, 결코 어려움에 주저앉지 않고 극복하려는 강인한 의지와 용기는 비스마르크의 특징이거든요.

오토 폰 비스마르크(Otto von Bismarck, 1815~1898년)는 날카로운 지성과 표현의 재능을 갖춘 독일 최고의 외교가이자 정치가입니다. 그 자신이 지은 묘비명은 '황제 빌헬름 1세에게 진정으로 충실했던 독일인 신하'였는데, 실제로 그는 그런 삶을 살았습니다.

비스마르크는 '최초의 위대한 독일인'입니다. 18세기 중엽까지 독일 민족은 존재했어도 통일된 국가는 없었는데 1871년 비스마르크가 서른여덟 개로 나눠져 있던 작은 나라들을 합쳐 독일 제국을 완성했으니까요. 그는 군비 확장을 통해 국력을 키우면서도 외교로 국가간 문제를 해결하기를 원했으며, 강력한 지도력이 워낙 강한 인상을 남겼기에 '철의 재상'이라는 별명을 얻었습니다.

82'일째 뢴트겐(독일), X선을 발견하여 인류에게 선물로 준 물리학자

빌헬름 콘라트 뢴트겐(Wilhelm Conrad Rontgen, 1845~1923년)이 고등학교에 다닐 때의 일입니다. 졸업 시험이 가까운 어느 날 동급생 친구가 담임 선생님의 코 큰 얼굴을 난로 가리개에 백묵으로 그려 놓았습니다. 그 우스꽝스러운 그림을 보고 친구들이 깔깔 웃어댔습니다. 그런데 갑자기 담임 선생님이 교실에 들어왔고 그의 눈에 때마침 뢴트겐의 웃는 모습이 보였습니다.

"누가 이따위 그림을 그렸어? 뢴트겐, 어서 말해 봐!"

뢴트겐은 당황했으나 그 친구 이름을 말하지 않았습니다. 선생님은 뢴트겐을 범인이라고 단정하고는 퇴학 조치를 취했습니다. 뢴트겐은 자기 결백을 호소했지만 선생님은 믿어 주지 않았습니다. 그림을 그린 친구 이름을 끝끝내 말하지 않았기 때문이지요. 뢴트겐은 결국 고등학교 졸업장을 손에 쥐지 못했습니다.

이 일로 뢴트겐은 평생 학력 열등감에 시달려야 했습니다. 뢴트겐은 계속 공부하고 싶었으나 고교 중퇴자가 입학할 수 있는 대학을 찾기가 쉽지 않아 한동안 심각한 고민에 빠졌습니다. 결국 뢴트겐은 스위스 취리히 공대에 진학했는데, 이 학교를 택한 이유도 학력 열등감과 관계 있습니다. 취리히 공대는 고등학교 졸업장이 없는 학생이라도 대학 입학시험 성적이 우수하면 들어갈 수 있는 대학이었거든요. 뢴트겐은 대학을 졸업하고도 고난을 겪었습니다. 훗날 그가 교수로 있으면서 X선을 발견했던 뷔르츠부르크 대학조차 고등학교 졸업장이 없다는 이유로 한때 그를 강사로 채용하지 않았으니까요.

그러나 이런 차별을 뚫고 뢴트겐은 큰 업적을 남겼습니다. 그는 1895년 11월 8일, 음극선 실험 도중 우연히 발견한 X선을 이용해 가장 먼저 금속 내부 구조와 아내의 손뼈를 찍었습니다. 뢴트겐은 노벨 상의 물리학 분야 첫 수상자로 선정됐는데, 특허는 신청하지 않았습니다. 덕분에 지금까지도 많은 사람이 비교적 저렴하게 병원에서 X선을 촬영하고 있습니다.

83일째 모차르트(오스트리아), 하인이기를 거부한 천재 음악가

"전 백작은 아니에요. 하지만 제 마음 속에는 다른 어떤 귀족보다 숭고함이 가득하다고 자부해요. 하인이든 백작이든, 나를 모욕한다면 그가 바로 무식한 사람이지요."
볼프강 아마데우스 모차르트(Wolfgang Amadeus Mozart, 1756~1791년)가 아버지에게 한 말입니다. 그 무렵 음악가는 국왕이나 귀족 혹은 교회에 고용된 일종의 하인이나 다름없었는데, 모차르트는 그런 사회 분위기를 받아들이지 않고 위와 같이 말했습니다. 다시 말해 모차르트는 자기 의지로 곡을 만들려고 노력한 최초의 자유 작곡가입니다.

그러나 그 결과는 좋지 않았습니다. 어린 시절에는 신동·천재라 불리며 여기저기 초대받아 대우를 받으며 다녔지만 점차 귀족과 교회로부터 미움을 받았고 대중에게도 인기를 잃었거든요. 다소 괴팍한 성격이었던 모차르트는 타협을 싫어하며 즐겁고 자유롭게 살기를 좋아했습니다. 날마다 미용사에게 가서 머리를 손질할 정도로 멋을 부렸고, 사치를 일삼았습니다. 돈을 제법 많이 벌었으나 쓴 돈이 더 많았지요. 결국 모차르트는 빚더미에 올라앉아 가난한 생활을 하다 35세 젊은 나이에 세상을 떠나고 말았습니다. 불행한 선구자인 셈이지요.

그렇지만 현재 모차르트는 역사상 가장 위대한 음악 천재로 평가받고 있습니다. 어떤 곡이든 한 번 듣고 바로 연주할 수 있는 놀라운 기억력과 아주 작은 음의 차이도 느끼는 절대 음감이 대단했거든요. 더구나 모차르트는 오페라, 교향곡, 실내악, 피아노 협주곡 등 여러 양식에 걸쳐 많은 작품을 남김으로써 뛰어난 재능을 유감없이 보여 주었습니다. 그는 새벽 2시까지 작곡하는가 하면 때로는 새벽 4시에 일어나 작곡할 정도로 음악에 대해서는 성실한 삶을 살았습니다.

오늘날 오스트리아에서는 초콜릿·포도주·우유·향수·모자 등등 각종 물품이 모차르트 이름을 붙인 채 관광객에게 팔려 나가고 있는 바 그가 오스트리아의 자랑임에 분명합니다.

84'글짜재 페스탈로치(스위스), 교육 방법을 바꾸자고 외친 교육개혁가

"나는 떠나는 게 두렵지 않지만 가족들을 생각하니 마음이 편치 않구나. 힘들겠지만 네가 우리 가족들을 지켜 주지 않겠니? 너 밖에는 부탁할 사람이 달리 없구나. 네가 누구보다도 우리 가족을 잘 알뿐만 아니라 너도 우리 가족이나 다름없잖니."

1751년의 어느 날, 하인리히 페스탈로치(Heinrich Pestalozzi, 1746~1827년)의 아버지가 가정부에게 위와 같이 말했습니다. 그는 마음 따뜻한 의사로서 사람들을 치료해 주다가 갑자기 죽음을 눈앞에 두었거든요. 이에 가정부는 눈물을 흘리며 말했습니다.

"네, 걱정 마세요. 평상시 주인님께서 제게 잘 대해 주신 걸 생각하면 그런 일은 당연하지요. 아무 염려 마시고 어서 기운이나 회복하세요."

"정말, 고맙구나. 네 말을 들으니 다소나마 안심이 된다. 그럼…… 안녕."

가정부는 당시 아가씨였음에도 불구하고 그 약속을 평생 지켰습니다. 숭고하고 희생적이었던 가정부의 삶은 페스탈로치에게 큰 영향을 미쳤으며, 페스탈로치는 그에 감동받아 사회를 개혁하여 가난한 사람들의 어려움을 해결해 주는 데 일생을 바치기로 결심했습니다.

　페스탈로치는 무엇보다 잘못된 교육 방법을 바꾸자고 외쳤습니다. 자기가 학교에 다니던 시절, 배우는 즐거움을 전혀 느끼지 못했기에 더 그랬습니다. 페스탈로치는 막연한 지식을 암기하라고 강요하는 건 지루함만 줄 뿐이라고 생각했기에, 그림 그리기 · 노래 부르기 · 모형 만들기 · 글쓰기 · 현장 체험 등 참여 활동에 중점을 두어야 한다고 주장했습니다. 또한 학생 개개인의 차이를 인정하고 능력에 따라 학생들을 가르쳐야 한다고 말했습니다.

　페스탈로치는 빈민과 고아 등 어려운 사람들을 돕는 데에도 애를 썼습니다. 그리고 그가 세상을 떠난 뒤에 그의 교육 원리가 인정되어, 오늘날 여러 나라 초등교육의 바탕을 이루고 있답니다.

소크라테스(그리스), 서양의 철학적 기초를 다진 그리스 사상가

"여기 정사각형 네 변의 길이는 똑같은가 다른가?"
"똑같습니다."

소크라테스(Socrates, 기원전 470경~기원전 399년)가 기하학을 모르는 그리스 노예와 대화하며 기하학에 대한 정확한 답을 말하도록 가르친 일화의 한 토막입니다. 소크라테스는 하나하나 묻고 답하는 가운데 상대방이 자연스레 이치를 깨닫게 했지요. 이러한 소크라테스의 교육 방법을 '산파술'이라고 합니다. '산파'는 아기 낳는 걸 도와주는 사람인 바, 그처럼 상대를 돕는 방법이라는 뜻이지요. 다시 말해 마냥 설명하거나 지식을 주입하는 게 아니라 상대방으로 하여금 무지(無知)를 깨닫고 진리를 깨치게 하는 것이랍니다. 이 때 소크라테스는 상대에게 배운다는 자세로 대화를 나누곤 했습니다. 얘기하는 동안에는 서로 스승이 되거나 제자가 될 수도 있으니까요.

소크라테스는 "네 자신을 알라"라는 말을 한 것으로 유명합니다. 하지만 이 말은 델파이 신전에 적혀 있던 문구이며, 소크라테스가 그걸 즐겨 사용하자 그의 독창적인 말인 것처럼 잘못 알려졌습니다.

　소크라테스는 마음을 열어 놓고 상대를 대한 사람입니다. 전통이나 관습이라고 해서 잘못된 걸 알면서도 무조건 따르기보다는 옳은 가치를 찾아 나가야 한다고 생각했고요. 그런데 이런 소크라테스를 고대 그리스 지도자들은 좋지 않게 보았습니다. 그들은 신을 믿지 않고 그릇된 종교를 퍼뜨려 젊은이들을 현혹시킨다는 죄로 소크라테스에게 벌을 주었습니다. 소크라테스가 재판정에서 자기 주장을 굽혔다면 무죄가 됐을지도 모르나 그는 '진리 추구자'라는 입장만 거듭 밝혔고 결국 사형에 처해졌습니다. 그는 감옥에서의 탈출도 거부한 채 독이 든 음료를 마시고 죽었습니다. 그가 죽자 제자 플라톤이 스승의 가르침을 기록하여 세상에 전했습니다.

　오늘날 소크라테스는 '철학을 하늘에서 땅으로 끌어내린' 위대한 인물이자, 서양 문화의 철학적 기초를 마련한 사람으로 평가받고 있습니다.

86일째 단테(이탈리아), 정신적 사랑을 서사시로 쓴 이탈리아어의 아버지

'눈부시게 청순하고 아름다운 여인이다!'
알리기에리 단테(Alighieri Dante, 1265~1321년)는 9세 때인 1274년 5월 1일, 피렌체 최고의 명문 포르티나리 가문에서 주최하는 파티에 아버지를 따라 참석했다가 한 살 어린 소녀 베아트리체 포르티나리를 보고 단번에 반했습니다. 하지만 그는 감히 베아트리체와 사귈 수 없었습니다. 단테 집안은 포르티나리 가문에 비할 바 못 되었으니까요.

그게 오히려 단테의 마음을 더 애타게 했는지 모릅니다. 단테는 눈인사 한번 나누지 못했으나 그날 이후 오직 베아트리체만을 그리워하며 시간을 보냈습니다. 훗날 단테는 그때의 순간을 이렇게 표현했습니다.

'그때부터 내 사랑이 내 영혼을 완전히 압도했네.'

단테의 사랑은 일시적인 감흥이 아니었습니다. 항상 베아트리체를 생각했고, 같이 있는 상상을 하며 행복해했습니다. 9년 후인 1283년 단테는 피렌체 베키오 다리에서 우연히 베아트리체와 마주쳤습니다. 단테가 베아트리체를 본 건 그게 전부였지요. 그러나 단테는 결코 베아트리체를 잊지 않고 평생 사랑했습니다.

베아트리체는 1290년 24세 나이에 갑작스레 세상을 떠났고, 그 소식을 들은 단테는 충격으로 몹시 괴로워했습니다. 1293년 단테는 베아트리체를 추모하는 시집 《새로운 삶》을 발표했으며, 이 시집의 주제를 발전시켜 인류 최초의 서사시인 《신곡(神曲)》을 썼습니다.

《신곡》은 사후 세계의 지옥·연옥·천국을 여행하는 형식을 취한 우화(寓話)인 동시에 여러 사회 문제와 사상을 담은 장편 서사시인데, 단테는 그때까지 공식 언어였던 라틴어 대신 이탈리아어(피렌체 사투리)로 작품을 썼습니다. 이를 계기로 피렌체 사투리는 이탈리아는 물론 서유럽의 문학어로 성장했습니다. 덕분에 단테는 '이탈리아어의 아버지'로 불리고 있습니다.

87'일째 율리우스 카이사르(이탈리아), 황제보다 더 강력한 지도력을 보여 준 통치자

　로마 제국이 유럽을 호령하던 때의 일입니다. 어느 날 유대 왕 헤롯의 왕자라고 자칭하는 사람이 카이사르를 찾아왔습니다. 카이사르는 정중히 안내받고 들어온 그의 손을 보더니 부하에게 당장 내쫓으라고 명령했습니다. 사실 그는 가짜 왕자였습니다. 뒤에 부하들이 카이사르에게 물었습니다.

　"어떻게 그가 왕자가 아닌 줄 아셨습니까?"

　이에 카이사르는 이렇게 대답했습니다.

　"적어도 왕자라면 손이 그토록 형편없지는 않을 것이다. 그래서 가짜인 줄 알았다."

　그렇다면 카이사르가 손금을 본 것일까요? 아닙니다. 그는 손금의 운명을 믿는 어리석은 지도자가 아니었습니다. 카이사르가 본 건 손금이 아니라 손의 형태와 상태였습니다. 쉽게 말해 카이사르는 편한 생활을 했다면 손이 곱고 기름기가 흐를 것이라 생각해서 손님의 손을 봤으나 그 손이 일을 많이 한 노동자의 손이었으므로 '왕자가 아니다'라고 판단한 것입니다.

　가이우스 율리우스 카이사르(Gaius Julius Caesar, 기원전 100~기원전 44년)는 황제 못지않은 권력과 지도력을 보여 준 고대 로마의 지도자입니다. 통치력이 얼마나 대단했는지 그의 가문 이름인 카이사르가 훗날 여러 나라에서 가장 중요한 통치자를 뜻하는 용어로 쓰이기까지 했습니다. '황제'를 뜻하는 독일어의 '카이저', 슬라브 어의 '차르', 이슬람 세계의 '카이사르'가 모두 그런 예입니다. 또한 카이사르는 '주사위는 던져졌다', '왔노라 보았노라 이겼노라', '브루투스 너마저도…….'와 같은 명언의 주인공이기도 합니다.

군인으로 출발한 카이사르는 뛰어난 연설 솜씨로 대중을 사로잡았고, 해적에게 붙잡힌 상태에서도 큰소리치는 배짱과 용기로 어려움을 헤쳐 나갔으며, 한번 결심하면 밀어붙이는 결단력으로 일 처리를 잘했습니다. 그는 또한 반대자도 품어 주는 너그러움을 지녔으나 그로 인해 뜻밖에 믿는 사람에게 암살당했습니다.

88일째 크리스토퍼 콜럼버스(이탈리아), 아메리카 신대륙 개척에 앞장선 유럽 탐험가

1492년 8월 3일, 스페인 팔로스 항에서 배 세 척을 이끌고 인도로 가는 길을 찾아 항해에 나선 크리스토퍼 콜럼버스(Christopher Columbus, 1451~1506년)는 그 해 10월 12일에 바하마 제도의 한 섬에 도착하여 '산 살바도르(성스러운 구세주)'라고 이름 붙이고 1493년 3월 15일 돌아왔습니다. 그리하여 그의 성공적인 항해를 축하하는 연회가 열렸습니다. 이때 많은 사람이 칭찬하는 가운데 몇몇 사람은 그의 업적을 깎아내렸습니다.

"콜럼버스, 당신이 아니라도 누군가 인도로 가는 항로를 발견했을 겁니다."
이에 콜럼버스는 달걀 하나를 집은 채 사람들에게 말했습니다.
"누가 이 달걀을 세워 보시겠습니까?"
사람들은 저마다 달걀을 세워 보려 했으나 아무도 성공하지 못했습니다. 그러자 콜럼버스는 달걀 한쪽 끝을 탁자에 쳐서 살짝 깨뜨린 다음 세워 보였습니다. 사람들은 그걸 누가 못하냐고 비웃었고, 콜럼버스는 이렇게 말했습니다.
"제가 한 항해 역시 이와 같습니다."

어떤 방법을 먼저 찾아내기는 어렵지만, 누가 먼저 한 일을 따라 하기는 쉽다고 은유적으로 표현한 것이지요. 어찌 됐든 이 일화는 '콜럼버스의 달걀'이란 관용어를 낳았습니다.

사실 콜럼버스는 논란이 많은 인물입니다. 먼저 그는 유럽인에게는 대단한 공로자입니다. 네 번에 걸친 항해(1492~93, 1493~96, 1498~1500, 1502~04)를 통해 유럽인이 신대륙을 탐험하고 정착하는 계기를 마련했으니까요. 반면에 아메리카 원주민에게는 원망의 대상입니다. 콜럼버스 때문에 수많은 원주민이 학살당하고 온갖 재물을 유럽 인에게 빼앗겼으니까요.

그럼에도 불구하고 콜럼버스는 오늘날 스페인과 바하마의 지폐에 등장하고 있습니다. 스페인의 경우 스페인 국위를 널리 떨쳤다 하여, 바하마의 경우엔 콜럼버스가 처음 상륙한 곳이라 하여 기념하고 있는 까닭입니다.

89일재 갈릴레오 갈릴레이(이탈리아), 자살하려는 의지로 공부한 과학자

갈릴레오 갈릴레이(Galileo Galilei, 1564~1642년)가 19세 때의 일입니다. 갈릴레이는 아버지 뜻에 따라 대학에서 의학을 공부했으나 그런 시간을 무척 힘들어했습니다. 그는 여러 차례 부모에게 다른 공부를 하고 싶다고 말씀드렸으나 아무 소용없자 절망감을 느꼈습니다.

"시체를 해부하는 건 너무 끔찍해. 차라리 억압도 강요도 없을 저 세상으로 떠나자."

갈릴레이는 마을 근처 강가로 가서 빠져 죽으려 했습니다. 그런데 막상 강물을 보고 있자니 하고픈 일도 하지 못한 채 죽는다는 게 너무 억울했습니다. '하고픈 일'이란 다름 아닌 수학과 물리학 공부였습니다. 당시 갈릴레이는 정확한 수치로 답을 찾을 수 있는 수학의 매력에 사로잡혀 있었거든요.

"죽어서 불효하느니 살아서 내가 하고픈 수학 공부하는 불효가 더 낫지 않을까?"

그날 집으로 돌아온 갈릴레이는 단호한 마음으로 수학을 공부했습니다. 아버지는 크게 화를 내며 그를 버린 자식처럼 여겼고, 어머니 역시 그의 태도 변화를 못마땅하게 여겼습니다. 그래도 죽고 싶을 정도의 고통을 경험했기에 갈릴레이는 하고 싶은 일을 한다는 즐거움으로 견뎌 냈습니다. 다행히 얼마 지나지 않아 갈릴레이 부모는 그의 의지를 인정해 주었습니다.

갈릴레이는 이후 일생을 자살하려고 했던 날의 각오와 의지로 살았습니다. 그 결과 하늘을 관측할 수 있는 천체 망원경을 처음 발명했고, 그 망원경으로 많은 업적을 이뤘습니다. 예를 들면 갈릴레이는 달 표면이 평평하지 않으며, 은하수는 많은 별들로 이루어져 있고, 목성에 위성이 있다는 사실, 또 태양의 흑점, 토성의 고리 등을 관측해서 학계를 놀라게 했습니다. 그는 특히 중력과 운동에 관한 연구에 실험과 수리 해석을 함께 사용하여 근대 역학과 실험 물리학의 창시자로 평가받고 있습니다.

90일째 세르반테스(스페인), '돈키호테'처럼 용감했던 용사 출신 작가

    1571년 10월 7일, 지중해 레판토에서 기독교 연합함대(스페인, 로마 교황청, 베네치아 등)와 오스만투르크 함대 사이에 큰 전투가 벌어져 연합함대가 승리를 거뒀습니다. 역사적으로 볼 때 레판토 해전은 갤리선(노와 닻으로 움직이는 배)을 주력으로 한 최후의 전투입니다. 이후에는 범선(노 없이 바람을 이용하여 움직이는 배)에서 함포를 쏘는 양상으로 바뀌었거든요.

    레판토 해전은 또 한 사람의 운명을 바꾸었습니다. 바로 세르반테스(Cervantes, 1547~1616년)입니다. 그는 군인의 길을 걷고자 일찍이 해군에 입대하였고 레판토 해전에 참가해 큰 공을 세웠습니다. 세르반테스는 이전에도 용맹한 군인으로 활약이 남달랐습니다. 높은 열이 오르내리는 열병에 걸렸을 때는 물론 가슴에 총상을 두 번이나 입고도 안전한 후방에 가기를 거부하고 계속 전투에 나섰을 정도였습니다. 레판토 해전에서는 세 번째 총상을 입었고 그 후유증으로 평생 왼손을 쓸 수 없게 되었습니다.

    "레판토의 불구자!"

    이때부터 사람들이 위와 같이 불렀지만 그는 그런 별명을 기분 나빠하지 않았습니다. 오히려 군인으로서의 용감함을 인

194 유럽

정받는 말로 여겨 자랑스럽게 생각했습니다. 때마침 승진 소식이 전해졌습니다. 그는 부푼 꿈을 안고 귀국길에 나섰습니다.

  그러나 뜻하지 않게 귀국 도중 적국선의 습격을 받아 포로가 되고 말았습니다. 세르반테스는 자유의 몸이 될 때까지 무려 5년 1개월의 세월을 흘려보내야 했지요. 33세가 된 그는 더 이상 군대에서 출세할 기회가 없다고 판단하여 제대했고, 이때부터 책상에 앉아 글을 썼습니다. 1605년 발표한 풍자소설 《돈키호테》는 큰 화제를 낳았고 현재까지 세계 각국에서 인기를 끌고 있습니다. 2002년 영국 BBC 방송이 세계 유명 작가들을 대상으로 설문 조사한 결과 《돈키호테》가 '최고 소설'로 뽑히기도 했지요. 스페인은 그런 세르반테스를 기려 10센트 동전에 그의 얼굴을 그려 넣고 있습니다.

91일째 피카소(스페인), 여러 장르에서 현대 미술을 개척한 20세기 대표 미술가

"아니, 아기가 왜 울지 않죠?"

세계적인 화가 파블로 루이스 피카소 (Pablo Ruiz Picasso, 1881~1973년)는 자칫 태어나자마자 죽을 뻔했습니다. 숨을 쉬지 않았기 때문입니다. 그런 아기를 본 어머니는 죽었다고 판단하여 포기하려 했습니다. 일반적으로 아기는 태어나자마자 크게 울음을 터뜨리는데, 피카소는 울기는커녕 숨소리도 내지 않았으니 그럴 만했던 것입니다.

그런데 곁에서 담배를 피우던 삼촌이 혹시 하는 마음으로 피카소 입 속으로 담배 연기 가득한 입김을 불어넣었습니다. 그러자 이게 웬일인가요. 그때까지 울지 않던 아기가 앙앙 울기 시작했습니다. 이리하여 하마터면 세상에 오자마자 저세상으로 갈 뻔했던 피카소는 목숨을 건지게 됐다고 합니다.

피카소는 젊은 시절에도 많은 곡절을 겪었습니다. 그는 18세 때 절친한 친구 카사헤마스와 함께 파리를 처음 여행했는데 이때 스페인 풍경과 다른 색채에서 인상적인 영감을 얻었습니다. 하지만 얼마 지나지 않아 사랑에 실패해서 괴로워하는 친구로 인해 더 큰 충격을 받았습니다. 1901년 그 친구가 스스로 목숨을 끊었거든요.

"바보 같은 놈! 사랑 때문에 세상을 버리다니……."

피카소는 친구 잃은 아픔을 그림으로 달랬습니다. 이때 피카소는 〈카사헤마스의 죽음〉을 그리며 청색 시대로 접어들었습니다. 피카소는 20세기 초 스페인 바르셀로나와 프랑스 파리를 오가며 작품 소재를 구했으며 거지들과 버림받은 사람들의 슬픔, 퇴폐주의 풍경을 파란색으로 나타냈습니다. 다시 말해 1901년부터 1904년 중반까지 피카소 그림은 파란색이 주조를 이루며, 이때를 '피카소의 청색 시대'라고 합니다.

피카소는 이후 도색(挑色) 시대, 니그로 시대를 거치며 브라크 등과 손잡고 입체파 운동을 일으켜 현대 회화의 길을 열었습니다. 그림은 물론 조각·도자기·시 등 수많은 작품을 남겼고요.

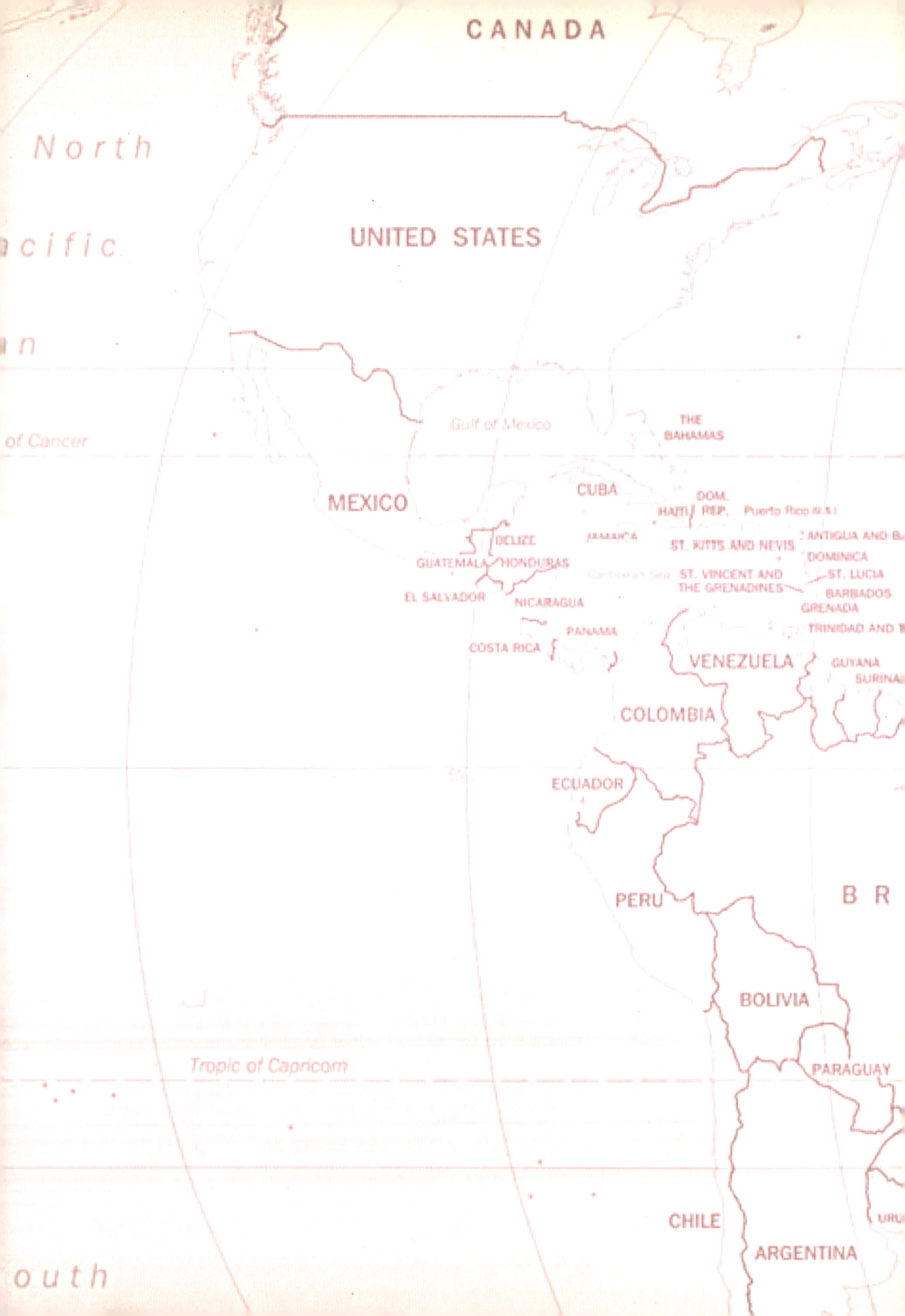

제4장
러시아 및 기타

92 일짜재 예카테리나 2세(러시아), 국토를 넓히면서 문예 부흥을 이끈 여제

1762년 1월 5일, 러시아의 옐리자베타 여제가 죽자 표트르 3세가 왕위를 이었습니다. 당시 러시아는 프로이센(독일)과 전쟁을 벌이고 있었습니다. 그런데 프로이센 땅에서 태어난 표트르 3세는 프로이센의 프리드리히 2세와 동맹을 체결하고 전쟁을 중단했습니다. 이에 러시아 귀족들이 반발했고, 표트르 3세의 아내 역시 러시아를 무시하는 표트르 3세에게 반감을 가졌습니다.

"대세는 이미 결정됐으니 어서 항복하시오!"

1762년 7월 9일 표트르 3세의 아내는 자기를 지지하는 군대를 거느린 채 상트페테르부르크에 입성하여 남편을 몰아냈고 그 해 9월 모스크바에서 러시아 황제 예카테리나 2세로 등극했습니다. 표트르 3세는 누군가에게 암살당했습니다.

예카테리나 2세((Ekaterina Ⅱ, 1729~1796년)는 평소 책을 많이 읽어 교양이 풍부했으며, 러시아어를 비롯해 영어·독일어·프랑스어로 대화할 수 있었습니다. 무엇보다 러시아를 사랑했습니다. 그러하기에 러시아 귀족들의 지지를 받을 수 있었습니다. 예카테리나 2세는 기대대로 강력한 러시아를 만들고자 활발히 통치했습니다.

  1768년 오스만투르크와 전쟁을 벌였으며, 1774년의 전투에서 큰 전공을 세운 포템킨을 종용하여 함께 러시아 발전을 이뤘습니다. 1783년에는 투르크 땅이었던 크림 반도를 빼앗고 이어 크림칸국마저 차지하여 러시아 영토를 흑해 연안까지 다다르게 했습니다. 예카테리나 2세는 재위 34년 동안 백 개도 넘는 도시를 건설하는가 하면 무역에 힘쓰고, 과학과 문학을 적극 권했습니다. 또한 예카테리나 2세는 러시아의 문화적 후진성을 극복하고자 상트페테르부르크 겨울궁전 근처에 별궁 '에르미타주'를 짓고 거기에 많은 예술품과 보물을 수집·보관했습니다. 오늘날 2백만 점이 넘는 소장품을 지닌 에르미타주는 러시아의 자랑으로 여겨지고 있습니다.

93일째 레닌(러시아), 모범생에서 반항아로 바뀐, 운명의 혁명지도자

"비범한 재능을 타고났다. 그리고 근면하고 성실하다. 부모에게 제대로 가정교육을 받아 행실이 좋은 학생이다."

블라디미르 일리치 울리야노프(Vladimir Ilich Ulyanov, 1870~1924년)의 초등학교 성적표에 적혀 있는 내용입니다. 그는 학창 시절 성적이 뛰어난 모범생이었고 장차 천재적 학자가 되려고 했습니다.

그러나 아버지와 형의 잇단 죽음이 그의 마음을 돌려세웠습니다. 초등학교 교장을 지낸 아버지는 자유주의 성향이 있다는 이유로 1884년 러시아 정부로부터 교직에서 쫓겨나는 수모를 당했고 그 충격으로 2년 뒤 세상을 떠났습니다. 그가 좋아하는 형마저 1887년 황제 암살 모의 사건에 연루됐다 하여 사형 당했습니다.

"차르(러시아 황제) 체제를 절대 용서할 수 없다!"

그는 자신의 이상형으로 생각했던 형이 교수형에 처해지자 크게 분노하여 혁명 활동에 나섰습니다. 카잔 대학에 입학했지만 시위에 적극 참여하며 체제에 도전

했습니다. 1894년에는 《인민의 적은 누구이며 그들은 사회민주주의자들과 어떻게 투쟁하나》라는 책을 발표하며 노동자계급의 투쟁을 자극했습니다.

그는 1895년 최초의 혁명조직인 '노동자계급 해방투쟁동맹'을 결성했고 1897년 비합법신문 《노동자 행동》을 준비하다가 체포되어 3년간 시베리아로 유배당했습니다. 그는 시베리아의 레나 강에 착안하여 '레나 강의 사람'이란 뜻의 '레닌(Lenin)'이란 필명을 1901년부터 쓰기 시작했습니다. 이때부터 그는 '블라디미르 레닌'으로 불렸습니다. 이후 레닌은 뛰어난 연설 솜씨로 군중을 휘어잡으며 러시아 혁명을 이끌었습니다. 레닌은 소련 최초의 국가 원수로 취임하여 러시아를 공산주의 세상으로 만들었습니다. 그는 역사상 가장 위대한 혁명가로 평가받고 있으나 집권 후 진행된 가혹한 숙청으로 비난을 동시에 받고 있습니다.

94일째 톨스토이(러시아), 초록빛 지팡이를 찾고자 애쓴 작가 겸 사회개혁가

레프 니콜라예비치 톨스토이(Lev Nikolaevich Tolstoi, 1828~1910년)가 5세 때쯤의 일입니다. 당시 톨스토이 형제들은 '개미 형제'라는 놀이를 좋아했는데, 그날도 네 형제는 집안으로 뛰어 들어가서 의자를 몇 개 들고 나왔습니다. 그들은 의자를 둥글게 놓은 다음, 궤짝을 덮어씌우고 그 위를 또 헝겊으로 덮었습니다. 그러면 그 밑이 땅속 개미집처럼 어두워지는데, 아이들은 그 속에 들어가 서로 몸을 바짝 붙인 채 웅크렸습니다. 그 모양은 마치 허리 날씬한 개미 두 마리가 앞뒤로 이어진 모습처럼 보였습니다. 그리고는 모두 입을 다문 채 바깥세상 소리를 들었습니다.

하늘에서는 새가 울고, 길가에서는 마차 방울 소리가 들려오며, 농부 노랫소리가 들려왔습니다. 그날 니콜라이 형이 세상 사람들이 행복하게 살 수 있는 비결을 발견했다고 하자, 레프가 말해 달라고 졸랐습니다. 형이 말했습니다.

"그건 초록빛 지팡이에다 써서 뒷산에 묻어 두었어. 모두 내 말을 잘 들으면 그 곳에 데려다 주지."

하지만 그들 형제는 정말 그 곳으로 가지는 않았습니다. 그들은 그냥 형의 말을 들으며 평화로운 상상을 했지요. 가장 나이 많은 니콜라이는 어머니가 계시지 않은 상황에서 동생들에게 꿈과 희망을 주기 위해 짐짓 그 곳에 무언가 신비로운 게 있다는 듯이 말했던 것입니다.

어찌 됐든 이 일은 톨스토이에게 매우 인상적이었나 봅니다. 나이를 먹어 늙은 뒤에도 이때를 회상하면서 "초록빛 지팡이가 있다고 믿었던 그 옛날의 꿈은 여전히 변하지 않았다"고 말했으니까요. 실제로 톨스토이는 어른이 됐을 때 세상을 평화롭게 만들기 위해 여러 모로 노력했습니다. 예컨대 그는 《전쟁과 평화》, 《안나 카레리나》 같은 명작 소설을 써서 많은 이들에게 감동을 줬으며, 가난한 사람들을 위한 사회 개혁운동에 적극 나섰습니다. 이렇듯 톨스토이는 '초록빛 지팡이'를 찾기 위한 노력을 평생 계속했습니다.

95일째 차이코프스키(러시아), 피아노와 발레 음악에 탁월했던 작곡가

"최근 모스크바 체재는 내게 가장 좋은 추억의 하나가 될 것입니다. 나는 이 멋진 밤처럼 고귀한 상을 받은 일이 한 번도 없습니다. 나는 귀하의 재능에 완전히 반했습니다."

1876년 12월, 톨스토이는 피아니스트 겸 작곡가 니콜라이 루빈슈타인이 그를 위해 연 음악회에서 〈안단테 칸타빌레〉를 듣고 무척 감동한 나머지 그 곡을 작곡한 차이코프스키에게 위와 같은 감사 편지를 보냈습니다. 눈물이 날 정도로 아름다운 음악이었거든요. 이에 차이코프스키는 즉각 답장을 보냈습니다.

"님은, 작품은 물론 인간을 사랑하지 않고 견딜 수 없는 작가의 한 분입니다. 제 음악이 님을 감동시켰다는 사실이 얼마나 행복한지 모릅니다. 또한 대단히 자랑스럽게 생각함을 도저히 님에게 말씀드릴 수 없을 정도입니다."

페테르 일리치 차이코프스키(Pyotr Ilyich Tchaikovsky, 1840~1893년)는 러시아 대문호 톨스토이의 격찬에 흥분하여 다음과 같은 일기를 썼습니다.

"레프 톨스토이가 나와 나란히 앉아 현악 4중주 〈안단테 칸타빌레〉를 들으며 눈물 흘릴 때만큼 기쁘고 작곡가로써 자랑스러웠던 순간은 내 생애에 두 번 다시 없을 것이다."

차이코프스키는 19세기 말 러시아의 대표적인 작곡가로, 특히 러시아 정서와 서유럽 음악을 잘 조화시켰습니다. 어머니가 프랑스 계 러시아인인 가정환경에, 세련된 걸 좋아하는 개인 취향이 반영된 결과입니다.

그는 젊었을 때 법무부 서기로 일했으나 음악에 대한 열정 때문에 업무에 충실하지 못했습니다. 넋을 잃은 채 공문서를 찢어 잘근잘근 씹어 먹다가 뒤늦게 정신을 차렸을 정도였으니까요. 그리하여 그는 공무원을 그만두고 음악가의 길을 걸었고 〈백조의 호수〉, 〈호두까기 인형〉, 〈잠자는 숲 속의 미녀〉 등 뛰어난 고전 발레 음악을 남겨 러시아 발레를 세계적으로 알리는 데 큰 공을 세웠습니다.

96일째 케말 아타튀르크(터키), 민족주의를 내세워 터키 공화국을 창시한 국부

"할머니, 안 됩니다. 저리로 못 갑니다!"

1920년대의 어느 날 터키의 한 지방에서 맨발 할머니가 말을 탄 장군에게 다가가려고 하자, 경찰이 가로막았습니다. 그 광경을 지켜보던 장군은 말에서 내려 할머니에게 뛰어갔습니다. 그리곤 할머니 이야기를 귀담아 듣고 다시 돌아와 말에 올라탔습니다. 옆에 있던 부하가 그에게 물었습니다.

"왜 그리로 뛰어가셨습니까?"

"할머니보다는 내가 젊기 때문에 그리로 뛰어간 거라네. 나는 저런 분의 말씀을 듣고자 혁명을 일으킨 것이고……."

위 일화의 주인공 이름은 무스타파 케말(Mustafa Kemal, 1881~1938년)입니다. 그는 1923년 터키 공화국을 세우고 초대 대통령으로서 근대화를 지휘했는데, 이름을 여러 차례 바꾼 것으로도 유명합니다.

그의 첫 이름은 간단히 무스타파였습니다. 그러나 학교에서 선생님에게 수학 재능을 칭찬받은 이후 무스타파라는 다른 아이와의 구별을 위해 무스타파 케말로 고쳐졌습니다. 케말(Kemal)은 '완전'을 뜻하는 터키어입니다. 제1차 세계대전 중에는 큰 공을 세우며 무스타파 케말 파샤가 됐습니다. 파샤(Pasha)는 군대의 '장군'을 뜻하는 말입니다. 1921년 그리스 인을 물리친 뒤에는 가지 무스타파 케말 파샤로 이름이 바뀌었습니다. 가지(Ghazi)란 '이교도 토벌자'라는 뜻입니다. 몇 해 뒤 그가 군대 직위를 없앤 후에는 그냥 가지 무스타파 케말로 불렸습니다. 1934년 그는 모든 터키인에게 서양식으로 아버지 쪽 성을 따르도록 명령하고 자기 성으로는 '(터키인의) 아버지'라는 뜻의 '아타튀르크'를 택했습니다. 이때부터 그는 '케말 아타튀르크(Kemal Ataturk)'로 불렸습니다.

케말 아타튀르크는 여성에게 참정권을 주고, 도량형을 고치고, 성씨 제도를 도입하는 등 개혁에 공로가 많으므로 오늘날 터키인에게 존경받고 있습니다.

97일째 벤구리온(이스라엘), 앞장서서 나라를 일군 건국의 아버지

"말은 중요하지 않다. 국가는 말로 건설되지 않는다. 실행이 중요하다. 우리는 이미 2천 년 세월을 잃었다. 이제는 더 잃을 시간이 없다."

다비드 벤구리온(David Ben-Gurion, 1886~1973년)은 1948년 5월 14일, 텔아비브에서 이스라엘 공화국 독립을 선언했습니다. 그는 제1차 세계대전 당시 미국에서 유대 군단을 결성하여 팔레스타인 전쟁에 참가했습니다. 제2차 세계대전 중인 1942년에는 미국에서 시온주의자들의 비상 회의를 소집하고 전쟁이 끝난 뒤 팔레스타인에 유대인 공화국을 설립하기로 결정했습니다. 그리고 영국의 위임 통치에 반대하는 투쟁을 벌인 끝에 마침내 이스라엘 국가를 세운 것입니다.

벤구리온은 1886년 폴란드 땅에서 태어나 유대 인 학교를 다니며 히브리어를 배웠습니다. 그는 젊어서 시온주의 단체를 이끌며 시온사회주의 운동에 나섰습니다. '시온주의' 혹은 시오니즘은 세계 각지에 흩어져 있던 유대 인들이 그들 조상의 땅 팔레스타인에 국가를 세우려는 운동을 일컫는 말입니다.

"한 나라에 모여 살아야 우리가 힘을 발휘할 수 있다!"

시오니즘은 헤르츨이 창시했지만 그걸 현실로 만든 사람은 벤구리온입니다. 벤구리온은 이스라엘 공화국 초대 총리로 취임한 뒤 이스라엘 남부에 있는 네게브 사막을 개간하는 데 앞장섰습니다.

"네게브 황무지에 필요한 것은 땅과 물과 사람이다."

벤구리온은 풀 한 포기 나지 않는 메마른 땅을 일구는 일이야말로 이스라엘을 살리는 길이라고 외쳤습니다. 나라 땅 대부분이 황무지였으므로 식량 확보를 위해 시급한 일이었거든요. 그는 지하수를 개발하는 한편 갈릴리 호수의 물을 송수관으로 끌어오고 바닷물을 민물로 만드는 등 갖은 노력을 다했습니다. 그 결과 마침내 농작물을 얻었으며 네게브 사막을 곡창지대로 바꿔 놓았습니다. 벤구리온을 가리켜 '이스라엘의 국부'라 부르는 이유가 여기에 있습니다.

98일째 아야톨라 호메이니(이란), 이슬람 원칙주의를 강조한 종교지도자

이란 국왕 팔레비 2세는 1961년 '백색혁명'을 단행했습니다. 팔레비 2세는 도로를 닦고 댐을 건설하고 질병·문맹 퇴치운동을 벌였으며 여성 해방을 위해 차도르를 금지시켰습니다. 팔레비 2세는 비밀 경찰을 동원하여 이슬람 세력을 억압했습니다. 하지만 이 개혁은 이슬람 종교지도자들의 반발을 불러일으켰고, 호메이니(Khomeini, 1900~1989년)가 앞장서서 투쟁했습니다.

호메이니는 1963년 6월, 국왕 통치에 반대하는 혁명을 일으켰다 실패한 뒤 이웃 나라로 망명했으나 혁명의 꿈을 버리지 않았습니다. 호메이니가 그렇게 생각한 데에는 이유가 있었습니다.

팔레비 2세는 이란을 어느 정도 근대화시켰지만 그 배경에는 서양에 대한 협력과 의존이 있었습니다. 석유산업의 상당한 이익을 서양에 주었던 것이죠. 이런 일이 국민의 반감을 사던 차에 1970년대 중반 물가가 폭등했습니다. 팔레비 정부에 대한 반발감은 불에 기름을 붓는 격이 되었고, 호메이니는 그 틈을 파고들어 반정부운동의 불길을 계속 지폈습니다.

호메이니는 망명지 프랑스에서 《코란》을 녹음한 카세트테이프를 대량 복제해 이란으로 보내 신앙심과 투쟁 의욕을 북돋았습니다. 이 전략은 성공했습니다. 1977년 이란 수도 테헤란에서 대규모 시위가 일어났으며, 이란 국민은 1979년 1월 마침내 팔레비 왕조를 몰아냈으니까요.

1979년 4월 1일, 국민 투표를 통해 이슬람 공화국이 수립됐으며, 호메이니는 이때부터 최고 통치자로 나라를 이끌었습니다. 종교 지도자 집안에서 태어난 호메이니는 이미 1950년대에 위대한 종교 지도자인 '아야톨라(ayatollah)'로 찬양받은 이란의 시아파 최고 지도자였거든요. 아야톨라 호메이니는 개인적으론 욕심내지 않고 원칙을 지키며 살았으나 종교적인 면에서는 매우 엄격한 태도를 주장했습니다. 그리하여 이란은 이슬람 원칙주의 사회가 되었고, 이란 화폐에는 호메이니 초상화를 그려 넣어 그의 정신을 강조하고 있습니다.

99일째 임호테프(이집트), 인간으로 태어나 신으로 죽은 사나이

이집트 피라미드는 세계 7대 불가사의의 하나로 꼽히는데 현존하는 것 중 가장 오래된 건 사카라에 있는 '계단 피라미드' 입니다. 고대 이집트의 임호테프(Imhotep, ?~?년)가 기원전 27세기경 자신이 모신 왕 조세르(기원전 2630~기원전 2611 재위)를 위해 이전까지의 마스타바(벽돌로 쌓은 직사각형 무덤) 위에 여러 층의 계단을 쌓아 올린 62m 높이 건축물이지요.

임호테프는 태양신을 모시는 제사장 겸 건축가로서, 국왕이 죽은 뒤 하늘나라로 갈 수 있도록 주검이 누운 자리 위에 천장까지 오르는 통로를 만들고 고차원적 계단으로 신비감을 조성했답니다. 이후 이집트 왕조는 계단 피라미드를 흉내낸 피라미드를 더욱 크게 만들었으니, 임호테프가 피라미드의 창시자인 셈입니다. 뿐만 아닙니다. 그는 건축물에 최초로 기둥을 사용했으며 파피루스(나일 강 유역에 자생하는 풀 파피루스의 형태를 본뜬 기둥)도 발명했다고 합니다.

"질병을 고쳐 주십시오."

'평화롭게 온 자'라는 뜻의 임호테프는 의학과 천문학에도 뛰어난 지식을 지녀서 많은 사람을 치료해 주었습니다. 전해 오는 말에 따르면 임호테프는 대략 200여 가지 질병을 진단하고 치료할 수 있었다고 합니다.

이런 공로를 인정받아 임호테프는 파라오의 비석 발판에 인간으로서 유일하게 새겨졌습니다. 보통 사람 옷을 입은 채 승려처럼 머리를 깎은 인물이 바로 그입니다. 이집트 벽화를 보면 의자에 앉아 글을 쓰는 서기관이나 파피루스 종이를 무릎 위에 걸치고 글을 읽는 사람 역시 임호테프입니다. 그러하기에 임호테프는 죽은 뒤 신으로 모셔졌으며, 많은 의사들에게 존경을 받고 있습니다.

한편 임호테프의 무덤은 지금까지 발견되지 않았으며 그의 평화를 침해하는 자에게 저주가 내릴 것이라는 전설이 내려오고 있습니다. 1999년 개봉된 영화 〈미이라〉에 나오는 임호테프는 그 전설에서 착안된 가상 인물이며 실제 임호테프와는 전혀 다릅니다.

100일째 앨버트 루툴리(남아프리카 공화국), 인종차별정책을 금가게 만든 인권운동가

"광산을 내놔!"
"그렇게는 못해!"

19세기 말엽 남아프리카의 보어인(남아프리카에 사는 네덜란드계 백인) 거주 지역에 다이아몬드와 금이 발견되자 당시 그 곳을 지배하던 영국 식민정부군 사이에 남아프리카 전쟁이 일어났습니다. 이 전쟁은 영국 승리로 끝났으나 보어인은 반발감을 지니게 됐습니다. 보어인은 같은 백인이건만 차별의 서러움도 당했습니다.

그런데 흉보면서 배우나 봅니다. 1948년에 정권을 잡은 국민당은 아파르트헤이트(인종분리정책)를 실시하며 백인들만의 사회를 추구했습니다. 흑인은 흑인들끼리 살라며 변두리 지역으로 쫓아냈고요. 영국이 그에 대해 '인종 차별과 인권 탄압'이라며 비난하자, 남아프리카 공화국은 1961년 영국연방의 자치령에서 벗어나 독립 공화국을 선포하면서 아파르트헤이트를 더 강화했습니다.

"힘들고 더러운 일은 흑인들이 해야 하는 거야."

"우리에게도 자유롭게 살 권리가 있다!"

당연히 흑인은 반발했으며, 앨버트 루툴리(Albert Lutuli, 1898~1967년)가 그 투쟁에 앞장섰습니다. 1952년부터 아프리카민족회의를 이끈 루툴리는 그 해에 불공정한 법을 거부하자는 시위를 벌였고, 1957년에는 출근 거부 파업을 호소했습니다. 루툴리는 1960년엔 아파르트헤이트 정책에 대항하여 비폭력 운동을 적극적으로 펼쳤습니다.

"조용히, 그러나 강하게 맞서야 합니다."

세계는 인종차별정책에 대한 그의 비폭력 운동을 주목했고 그에 힘입어 1960년 노벨 평화상이 그에게 주어졌습니다. 아프리카 최초의 일이었지요. 루툴리는 수상 소감에서 "오랜 투쟁에도 불구하고 아직 자유는 너무 멀리 있다"고 지적했는데, 1994년에야 넬슨 만델라가 최초의 흑인 대통령으로 당선되면서 아파르트헤이트가 사라졌습니다.

101일째 에드먼드 힐러리(뉴질랜드), 가장 높은 산꼭대기를 처음 밟은 산악인

"우리가 저 자식을 넘어뜨렸다."

1953년 5월 29일, 지구 최고봉인 히말라야 에베레스트에 오른 에드먼드 힐러리(Edmund Hillary, 1919~2008년)는 셰르파 텐징 노르게이(Tenzing Norgay, 1914~1986년)에게 감격에 겨워 말했습니다.

말은 다소 건방지게 했어도 에드먼드 힐러리는 겸손한 사람이었습니다. 그는 누가 먼저 산 정상에 올라섰느냐는 기자들 질문에 "함께입니다!"라고 대답하며 자신에게로만 쏟아질 관심을 셰르파와 나눠 가졌습니다. 셰르파는 네팔 고산지대에 살면서 산악인을 안내해 주거나 짐을 들어 주는 소수 민족이고, 힐러리는 영국 등반대 백인이므로 언론이 누구를 조명할지는 훤한 일이었으니까요.

실제로 누가 처음 에베레스트 정상에 올라갔는지는 둘만 압니다. 분명한 건 힐러리가 정상에서 노르게이 사진만 찍고 정작 본인 사진을 끝내 마다했다는 점입니다. 어찌 됐든 두 사람은 영웅 대접을 받았습니다. 노르게이는 셰르파족의 타고난 능력을 과시함으로써 이후 세계 각국 등반대가 셰르파족을 찾는 계기를 마련했으며, 힐러리는 에베레스트 탐험 경쟁에서 영국-뉴질랜드의 승리를 이끌었으니까요.

사실 힐러리는 영국 등반대의 최초 공격조가 아니었습니다. 다른 영국 대원들이 에베레스트 정상 공격에 두 차례 실패한 뒤에야 그에게 기회가 주어졌거든

요. 당시 뉴질랜드는 영국 연방 가운데 하나였으므로 힐러리가 참여했다가 영광을 차지한 것이지요.

힐러리는 여기에 만족하지 않고 봉사하는 삶을 살았습니다. 자주 네팔을 방문하여 셰르파족을 위해 학교와 병원을 짓고 에베레스트 환경을 깨끗이 했습니다. 1982년에는 자기 얼굴이 그려진 뉴질랜드의 5달러짜리 지폐에 사인하여 판매해 모은 53만 달러(약 5억 원)를 네팔에 기부하기도 했습니다. 그는 평생 겸손하게 베풀며 사는 인생을 보여 주었기에 뉴질랜드인의 존경을 받고 있습니다.